科学图书馆　校园科学实验

古代文明中的科学

（美）吉姆·维斯 著
文慧静 译

上海科学技术文献出版社

图书在版编目（CIP）数据

古代文明中的科学/（美）吉姆·维斯著；文慧静译．—上海：上海科学技术文献出版社，2012.3
（校园科学实验）
ISBN 978-7-5439-5242-3

Ⅰ．①古… Ⅱ．①吉… ②文… Ⅲ．①世界史：古代史：文化史—青年读物②世界史：古代史：文化史—少年读物 Ⅳ．①K12-49

中国版本图书馆 CIP 数据核字（2012）021206 号

图字：09-2009-465

责任编辑：石　婧
特邀编辑：兰孝仁
美术编辑：徐　利

古代文明中的科学
[美]吉姆·维斯　著　文慧静　译
出版发行：上海科学技术文献出版社
地　　址：上海市长乐路 746 号
邮政编码：200040
经　　销：全国新华书店
印　　刷：江苏常熟市人民印刷厂
开　　本：740×970　1/16
印　　张：7.25
字　　数：111 000
版　　次：2014 年 4 月第 2 次印刷
书　　号：ISBN 978-7-5439-5242-3
定　　价：18.00 元
http://www.sstlp.com

目 录

前　言

你曾经思考过纸张是怎么诞生的吗？谁发明了世界上第一个钟表？谁发明了指南针或者放大镜？如果你曾经问过自己这些问题，但是不知道去哪里寻找答案，那么读这本书就是一个很好的开始。科学创意来自世界各地不同的文明和文化。自从人类始祖学会使用工具、种植庄稼、研究天体运行之后，科技的进步已经推动了人类历史的发展。

本书让你研究一些最伟大的科学发明，了解发现这些发明的人。这里既有埃及的钟表，希腊的灯塔，罗马的桥梁，还有中国的风筝和美索不达米亚人发明的肥皂。那么现在请准备好参与并享受其中的过程活动。它们会让你了解历史与科学之间的联系。

如何使用本书

每个古代文明都对科学或多或少作过贡献，因此这本书是根据不同类型的古代文明来分成不同篇章的。既有古埃及、古罗马、古希腊、玛雅和阿兹特克,也有古中国、中东以及其他的文明。在每个章节都设有几组活动，教会你了解各个时期的文化所作出的科学贡献。每个方案都列出了你会用到的材料，也给出了操作步骤。你会发现大部分材料都可以在家里或者在五金店和杂货店里找到。

有一些活动中，有一个称为“其乐无穷”的部分。它可以让你在原有活动的基础上尝试做一些变化。在每个活动的结尾会有“原来如此”的部分给出科学的解释。

当一名合格的科学家

● 在开始实验之前，请完整地阅读指示，并收集好你需要的所有材料。

● 准备好一本笔记本，写下实验的经过和结果。

● 仔细跟着书中的步骤进行操作。对需要大人帮助的步骤，千万不要自己擅自操做。

● 如果你的方案第一次不是很奏效，那么再试一次，或者稍微更改一下来完成。在现实生活中，实验并不是每次都能一次就成功的。

● 要保持一种开放的态度，勤于问问题，乐于找答案。科学的基础是提出有效的问题，然后找到最佳的答案。

提高你的理解力

- 稍微改变一下工具和方案，看看结果是否一样？一次只改动一样东西，这样你才能了解是什么改变导致了某个特别的结果。
- 自己设计一个实验或者活动，看看自己的想法是否可行？
- 观察周围的世界，寻找你掌握的科学原理的例证。
- 如果你一开始不知道事物的规律，不要担心，生活中有很多新的事物有待你去发现。请记住，很多最著名的发现都是在无意中完成的。

利用本书来完成一个科技创新项目

本书的很多活动可以看成是一个科技创新项目的起点。严格按照书本上的要求做实验后，你想到了什么问题？本书里一个称为“其乐无穷”的部分会建议你尝试一些可操作的项目。

要开始你的科技创新项目，首先写下你想研究的问题，然后做一个假设。假设是对你要进行的试验结果进行科学性的猜想。比如，如果你很喜欢做“金字塔动力”的试验，你可能会想知道其他斜面如何起作用。这个试验的假设可以是更长的倾斜平面更容易把大石块移上坡道。

下一个步骤就是你必须设计一个实验来证明你的假设。以“金字塔是如何建造的”为例，你可能要测试不同长短的斜面，然后观察和记录大石块移动到坡道的不同结果。一定要仔细记录实验过程。接下来分析你记录下来的数据。你可以画一张表格，上面表明不同长度的斜面和需要把大石块移动到坡道需要的力度，然后你再把各个结果画成曲线图。最后，你得出一个结论，它能证明你的设想是正确的还是错误的。

这个过程叫做科学方法。当你遵循科学方法时，你就可以先提出一个假设，用实验去验证，然后分析结果，最后得出结论。

注意事项

有些科学实验很危险。在进行需要大人帮助的实验中，比如需要使用火柴、小刀还有其他危险的材料的实验中，一定要向大人求助。也要记得在使用家里的东西时一定要先征得家长的同意。在做完实验后要把实验工具放好，清理现场。好的科学家都很小心谨慎，这样才能避免事故的意外发生。

1 远古时期的科学

人类始祖

每个文明都对我们今天使用的科学知识作过贡献。一些较早的文明比如古埃及文明、古希腊文明、古中国文明和古罗马文明比其他文明存在的时间更为长久，也留下了很多文明记录，因此我们对它们了解得更多。但是其他文明，比如在非洲、印度和欧洲更早为人所知的文明却没有留下什么记录。我们必须努力从它们留下的东西中去了解它们的文化。

考古学家是研究以往时代各民族遗存的科学家。考古学家挖掘出古代化石和人工制品（人类制作的物品，比如原始工具、武器、烹饪的罐子或者是艺术品）。然后，他们用这些人工制品来测定人类最早在什么时候使用火，在什么时候最早使用石器，他们最早种植的庄稼是什么等等。迄今为止，年代最久远的人工制品是在非洲坦桑尼亚的塞伦盖蒂国家公园里找到的。

要了解人类始祖和人类最早的发现，请尝试下面的活动。

1 石器时代

我们一般认为，第一批类人猿早在 400 万年前就活动在西非和南非的平原地带。但是第一个石器工具在 240 万年前才出现。这些最早使用的粗糙石器被用做刮擦和捶打的工具，它们把人类和其他动物区别开来。这些简单的石器是人类最早使用的科学技术。尝试一下这个活动，了解这些给工作带来便利的简单工具后面所隐藏的科学。

你会用到

一根 1 米长、1 厘米宽的木棍（大小接近即可），一支记号笔，一把锋利的小刀。

动手动脑

1. 把木棍拿到草坪上。

2. 把木棍的一端扎进地面。要把木棍用力扎进地面要费多大的力气？

用记号笔在木棍扎进地面的深度上做记号，看看木棍能扎进地面多深？

3. 让大人用小刀把木棍的一头削尖。

4. 在你刚才扎木棍的地面附近，把削尖了一头的木钉棍进地面。这次要费多大的力气？然后在木棍上做记号，看看它扎进地面有多深？

其乐无穷

在外面找一堆石头。仔细观察这些石头。你能找到一块和你拳头般大小的光滑的石头吗？这块石头可以做何用途呢？你能找到一块一头很锋利的石头吗？这又可以用来做什么工具呢？你可以找到其他可以用做工具的石头吗？如果你想把一块石头变成不同的形状，你会怎么办呢？

原来如此

一头削尖的木棍比扁平的木棍能更深入地扎进地面，而且能更省力。这看上去很简单，但是这个活动里你用到的工具却让人类的祖先花了几千年才想出来。如果一根木棍的一头是锋利的，它就变成了一个可用来挖掘的工具或者一根长矛。石头有特定的形状，就好像你在“其乐无穷”里所发现的那样，它们可以被用做锤子、小刀、刮刀或者斧头。

带尖头的物品就是一个名为楔的简单机械的例证。很多考古学家认为楔是远古人类发明的第一个简单工具。楔使得我们干活更为便捷，是因为它能集中受力。当你把一端为扁平的木棍扎进地面时，你用的力就分散在木棍的一头了。但是当你把木棍削尖后，同样的作用力就集中在木棍的尖端，使得木棍扎进地面不那么费力。在古代，要挖出可食用的植物根用做晚餐时，一根尖头的棍子可以节省很多原本用扁平的石头或者手指刮开和挖掘地面的时间和精力。

你知道吗

在旧石器时期，最早使用的石器是粗糙的拳头大小的石楔。石楔是石头间相互锤打形成的。这些原始工具很有可能是用来切碎和剁碎动植物以及用来挖掘的。尖头的石器称为石斧，可以追溯到130万年前。它们用来切割，刮擦，挖掘，甚至可能用来杀生。在新石器时期，人类用沙子把石器尖角的部分磨平，使得石器更为平滑。

在新石器时期即将结束的时候，人们用石器把其他更柔软的材料制成工具，比如木头和鹿角。新石器时期的人还用鹿角制成了缝纫针和鱼钩。

2 培育庄稼

旧石器时期的人类是游牧民族。游牧的意思是人们带着自己的物品从一个地方搬迁到另一个地方。他们是狩猎者和采集者，以追杀动物、采集植物为食。但是在公元前 1 万年，早期的人类已开始以农业为中心，种植庄稼，畜养动物，使部落定居下来。他们为了给部落提供食物就开始种植庄稼。但是，种植庄稼不仅仅是丢几粒种子在地里，这连我们最早的祖先也明白这个道理。请试试下面这个活动来研究种植庄稼所需满足的条件。

你会用到

两只塑料杯，一些小米种子（可以从宠物店买到），一些盆栽土，一些沙子，一张纸，一支记号笔，一支铅笔。

动手动脑

1. 在一只塑料杯里装半杯土，另外一只杯里装半杯沙子。用记号笔在两只杯子的外侧分别写上“沙”和“土”。
2. 往每只杯子里分别放入几粒小米种子。
3. 在装土的杯子里用一层薄薄的土盖住种子，在装沙的杯子里用一层薄薄的沙子盖住种子。
4. 往杯中分别加水直到杯子变湿。
5. 把两只杯子都放在向阳的窗台上。
6. 每隔一天给种子浇水。
7. 每天观察和记录下种子的变化。

原来如此

两只杯子的种子都会很快发芽生长。但是，种在土里的种子比在沙里的种子要长得更好。

大部分植物生长需要阳光、水和营养物。绿色的植物用土壤里的

水和矿物质，用空气中的二氧化碳和阳光在一个叫做光合作用的过程中产生葡萄糖。沙子中含有较少的矿物质，所以它不是很适合植物的生长。

最早定居的人类居住在位于现今印度和巴基斯坦的印度河流域，今伊拉克底格里斯河和幼发拉底河流域，以及中国的黄河流域，还有非洲东北部的尼罗河流域。这些地域都有着肥沃的土壤、丰富的水资源和充分的阳光照射。在这些地方，每年春天来临的时候，附近的河流带来洪水，带来肥沃的淤泥，把沙漠变成良田。河流还带来了大量的鱼类和水鸟作为人类的食物，还有泥土作为建筑房屋的材料。

小米和其他谷类植物诸如小麦、大麦和高粱最早都是在非洲东北部的努比亚沙漠地带人类种植出来的庄稼。除了种植庄稼外，早期的人类也畜养动物，比如绵羊和山羊。

你知道吗

因为早期的人类可以在一个地方待更久的时间，他们开始建造泥砖结构的建筑。这样城镇和村庄就产生了。种植庄稼和畜养动物意味着人类有更多的食物，那么人口就可以快速地增长了。这也意味着人们需要新的工具，比如石磨和储物罐来处理这些物品。这也就导致了部落间的交易，过剩的食物可以用来换取其他的食物。比如，用尼罗河两岸种植出来的小米可以换取山区部落的蜂蜜。

3 糖分的提取

当早期的人类在非洲种植谷类时，居住在其他地方的人类种植了其他的植物。在公元前3000年左右，人们在印度河谷（位于现今印度和巴基斯坦的边界）一带开始种植当地的植物，比如单粒小麦（一种野生的麦子）、大麦和海枣。

公元前327年，马其顿王国的国王和亚洲大片领土的征服者——亚历山大大帝说有一种他先前没有见过的植物生长在印度河谷。今天我们知道这种植物叫做甘蔗。人们一开始通过咀嚼和吮吸甘蔗茎来分离糖分。但是到了公元300年，印度人发明了一种方法，通过煮沸和压榨甘蔗根茎分离出糖浆。当糖浆出现后，人们很快就发现了糖浆硬化后会发生什么情况。请尝试下面这个活动，了解糖浆是怎样变成糖晶体的。

你会用到

一只饮水杯，一只炖锅，一把勺子，一些砂糖，一根棉线，一把剪刀，一支铅笔，一枚回形针，一块纸巾。

动手动脑

1. 把 1/3 杯的水倒进炖锅。
2. 请大人把水烧热，然后把炖锅从火炉中拿走。
3. 将一勺砂糖加入水中，搅拌直到糖彻底融化。注意：在水中可以溶解很多的糖，糖的分量可以是水的两倍左右。你最后看到的是一杯浓浓的糖浆，上面浮着几颗还未溶解的糖晶体。
4. 把糖浆倒进水杯里。
5. 剪一段比水杯高一些的棉线。
6. 把棉线的一头系在一支铅笔上，另一头系在回形针上。
7. 把棉线和回形针都浸湿，然后把棉线和回形针在干燥的砂糖上卷一圈，这样有几颗糖晶体会黏在上面。
8. 把铅笔横放在杯口，让棉线和回形针悬挂在糖浆中。

9. 把杯子放在不受干扰的地方，盖上一块毛巾，不让灰尘和脏东西进入溶液。

10. 5 天后观察棉线的状况。发生了什么现象呢？

11. 把棉线从糖浆中取出来，尝尝这根棉线是什么味道？

其乐无穷

把一些砂糖倒在一张纸上，用放大镜观察。砂糖看上去像什么呢？这和在棉线上形成的糖有什么区别呢？你能想出为什么会这样吗？

原来如此

几天后，糖晶体会开始在棉线和回形针上形成。如果水分蒸发得比较慢，那么晶体就会变得很大，而且尝起来很甜。如果你做“其乐无穷”这个活动，糖在放大镜里看上去像小晶体。这些晶体看上去像是在棉线和回形针上形成晶体的微型版。当糖在水里溶解时，水就变成了糖溶液。要把糖从溶液里提取出来，你只要把水分慢慢蒸发就行了。

你知道吗

甘蔗不是产生糖分的唯一植物。美洲印第安人发现枫树的树液经煮沸可以制成枫糖浆。没有人知道这个做法到底有多长的历史，但是很有可能早在哥伦布把甘蔗带到西印度群岛之前就存在了。糖还可以从甜菜中提取，这种做法是德国人在18 世纪的时候发明的。

随着这个过程的进行，糖晶体就形成了。晶体是一种化学合成物，它按一定规则重复排列从而形成固体。只有某些化学物质，比如糖和盐才能形成晶体。晶体可以有立方形、菱形、棱椎型和其他的规则形状。

4 天象观测

在人类有记载之前，人类就一直在河流、湖泊和海洋中航行。考古发现表明：在人类发明磁罗盘之前，北欧海盗和波利尼西亚人就有过史诗般的航海经历。他们没有留下如何完成这些丰功伟绩的记录，但是他们很有可能是利用风向和太阳、星星的位置来决定方向的。一颗很重要的导航星是北极星。在晴朗的夜空里，我们总是能在北半球天空的背面看到这颗星星。因此，如果你面对着它站着，你就知道你是朝北的方向。试试下面这个活动，学习如何找到北极星。

你会用到

一只指南针。

注意：这个活动要在晴朗的夜空下室外的环境才能完成。

动手动脑

1. 把指南针平放在你的手上，让指针自如地旋转。当指针停下来时，它将指向北面。朝这个方向看。
2. 请看北面的天空，找到北斗星。北斗星是由 7 颗星星组成的看上去像长柄勺的星群。其中的 3 颗星星组成了一个弯曲的手柄，另外 4 颗看上去像长柄勺的勺口。
3. 找到北斗星勺形的最外面两颗星星。沿着这两颗指示星找，在延长线约 5 倍距离的地方可以找到一颗明亮的星星，这就是北极星。

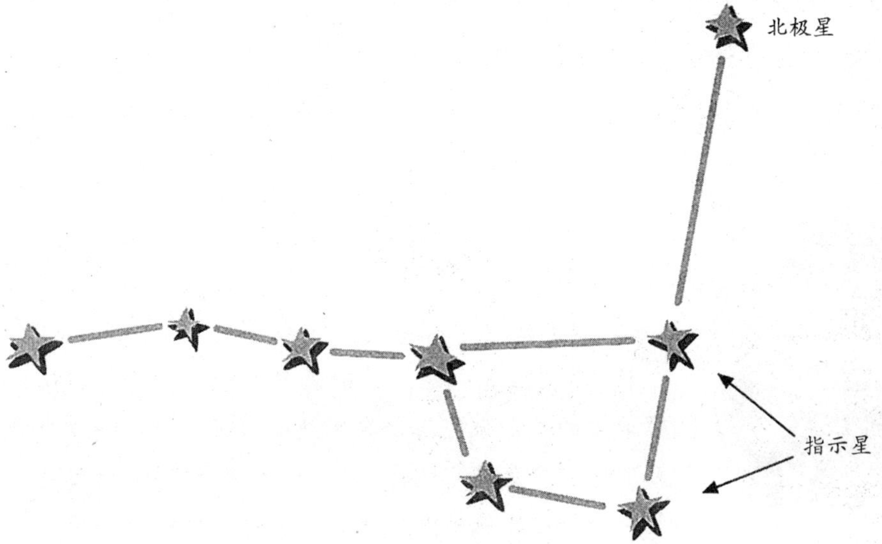

其乐无穷

从图书馆找一本关于星群的天文书。用这本书来帮助你找到一些知名的星座，如天龙星座、金牛座、昴宿星。

原来如此

当你在晴朗之夜遥望北面的星空时，你应该能找到北极星。多练习，你还能找到很多的星群。

因为地球是绕轴自转的，北极永远指向同一个方向。北极星之所以称之为北极星就是因为它位于北极的上方。多年来，人们用北极星和其他的星群来导航。

如果你连续几个晚上观察星星的话，你会发现我们的整个苍穹由东向西移动。但是苍穹本身并没有移动。地球自转使得星星看上去似乎在移动。因为星星都离我们很远，它们看上去好像是一起移动，彼此的位置保持不变。星星是会移动的，但是移动得非常的缓慢。它们要花上几千年的时间移动，才能被我们的肉眼看出它们彼此位置的变化。

你知道吗

早期的水手（那些在水上航行的人）不会离海岸边很远。他们常常沿着海岸线，通过辨认陆地上的东西来了解船只所处的位置。他们一般白天航海，晚上在岸边休息。等水手们学会了使用星星来导航后，他们开始在晚上航海，这样就加长了他们航海的距离。

有很多的古代人研究导航星群。居住在地中海附近的人——苏美尔人、克里特岛人、埃及人、腓尼基人和希腊人——都是杰出的水手。居住在北欧的斯堪的纳维亚人和南太平洋的波利尼西亚人也都是杰出的水手。

5 原始音乐

考古学家发现人类第一只乐器是一根用做口哨的空骨头。人类第一批喇叭和管乐器是史前人类用自然界的物质，比如骨头、角、木头和芦苇做成的。鼓的历史也可以追溯到史前，很有可能起初是人们敲击的空心原木。弦乐器在公元前 2500 年出现。音乐似乎一直是人们生活的一部分。但是这些最早的乐器，比如口哨和鼓是怎样发出不同的声音的呢？试试下面的活动，找出它们发出不同声音的原因所在。

你会用到

6只大小、形状一样的空瓶子，一张纸，一支铅笔。

动手动脑

1. 把瓶子整齐地排列在桌子上，在每只杯子上用铅笔和纸分别从1到6贴上标签。
2. 把水倒进第一只瓶子里，水的高度大约为2.5厘米。
3. 在第二只瓶子里倒进水，水的高度为5厘米，比前面一只杯子高2.5厘米。
4. 在第三只瓶子里倒进水，水的高度比第二只瓶子高出2.5厘米。同理，其他3只瓶子里也分别倒进不同高度的水。
5. 用铅笔轻轻地敲打第一只瓶子的两边。发生了什么呢？再试试敲打剩下的瓶子。
6. 现在把嘴对着瓶口吹气。发生了什么呢？

其乐无穷

你可以通过增大或者减小瓶子中的水量来改变每只瓶子的音调。给你的瓶子加不同量的水，用笔敲打瓶子，让瓶子演奏出不同的音调。你可以用瓶子演奏一首歌吗？

原来如此

当你敲打瓶子或者用嘴巴对着瓶口吹气时，瓶子会发出不同的声音。声音的相对高低叫做音调。当你击打瓶子时，水量很少的瓶子会发出音调很高的声音，而水量较多的瓶子则发出低音调。当你对这水量很少的瓶子吹气时，音量会更低，而对着水量更多的瓶子吹气，音量会更高。

所有的声音都是通过物体的震动产生的。当物体震动时，它会让周围的空气震动。这种震动的空气到达你的耳膜时，你会觉得这是声音。在这个活动中，敲打瓶子或者对着瓶口吹气产生的音调的高低取决于是什么物体在震动，即取决于是瓶子里的水在震动还是瓶子上方的空气在震动?

打击乐器是一种当你击打它们时发出声音的乐器，比如鼓、木琴、三角铁、铙钹。击打这些乐器会使其发生震动，这些震动到达你耳朵时形成了声音。不同打击乐器发出的不同声音取决于乐器不同的材质、尺寸以及形状。在这个活动中，当你击打瓶子时，瓶子就像打击乐器一样起作用。击打使得瓶子和里面的水都发生颤动。如果瓶子里只有少量的水，那么颤动频率就更快，音调也就高。当瓶子里有更多的水时，颤动就比较缓慢，音调也就更为低沉。

管乐器是一种你对着吹气而发出声音的乐器，比如笛子、号角、喇叭、竖笛。对着这些乐器吹气会使得里面的空气发生颤动。在这个活动中，当你对着瓶子吹气时，空气会颤动。在管乐中，短管里的空气会发出更高的音调，而长管里的空气会发出更低的声音。当你对着水量很多的瓶子吹气时，瓶里的空气管更短，因此你就发出高音调的声音。当你对着水量很少的瓶子吹气时，瓶里的空气管更长，因此你就发出了低音调的声音。

2 新月沃地的科学

古美索不达米亚人

位于两条伟大的河流——底格里斯河和幼发拉底河之间的新月形的地区是我们现今称之为中东的一部分，这也是世界上最早的文明发源地之一。因为两条河流的河水使得该地区特别适合种植庄稼，这个地域就是后来广为人知的新月沃地。公元前3500年，世界上最早的城市兴建于此，就是我们所说的美索不达米亚。这里居住着古代的苏美尔人、巴比伦人、腓尼基人和一些闪米特人部落等。

美索不达米亚人发明了车轮和轮轴，使用了最早的有轮推车。他们还发明了肥皂和金属硬币。

要了解更多的关于这个地区给世界文明作出了什么贡献，请尝试本章的活动。

1 肥皂的发明

关于第一块肥皂是如何发明的迄今还是一个谜。但是考古学家发现了可以追溯到公元前2800年的陶壶，以及美索不达米亚人在陶壶上面刻下的如何制作肥皂的方法。陶壶上刻下的方法说用1份油和5.5份的碳酸钾（一种可取自沸腾的木灰的化合物）形成一种洗涤溶液。试试这个活动，学习肥皂是如何起作用的。

你会用到

一只有螺旋盖的罐子，一把量匙，一瓶植物油，一瓶洗洁精。

动手动脑

1. 装好半罐子的冷水。
2. 用量匙盛5毫升的植物油，倒进罐子。当植物油倒进水里时，植物油会发生什么变化呢？
3. 把罐子的螺旋盖旋紧，然后仔细观察，发生了什么？

4. 把罐子盖拿开，加 15 毫升的洗洁精放入罐子。

5. 再把罐子的螺旋盖旋紧，摇晃罐子，让水、油和洗洁精融合。

6. 把罐子放在桌子上，再观察，又发生了什么呢？

其乐无穷

再做一遍这个实验，这次用温水。看看温水怎样影响了实验结果？

原来如此

当你把油加入水里时，油会停留在水的表面。当你摇晃溶液时，水和油一开始会融合在一起，可是当你把罐子放在桌子上时，水和油会再次分开。当你在水和油里面加进肥皂，摇晃罐子后，油会再次和水融合，但是这次等你把罐子安放在桌子上时，大部分的油和水不再分开。在“其乐无穷”里，你可以用温水来做同样的实验，更多的油会浮在水中。

洗洁精是一种液体肥皂。肥皂是由脂肪、油和一种强碱化合物（比如碳酸钾和碱液）混合而制成的。碱性物质是碱，是一种能和酸发生反应形成盐和水的化学物质。组成肥皂的分子很奇特，一端的分子往往是钠和钾（这些来自碱性化合物），这一端的分子是吸水的，这就意味着它吸收水分但是排斥油脂；而肥皂分子的另一端则是称为甘油三酸酯的长条原子链（这些来自脂肪和油），这一头不易被水沾湿，这就意味着它排斥水分而吸收油性物质。

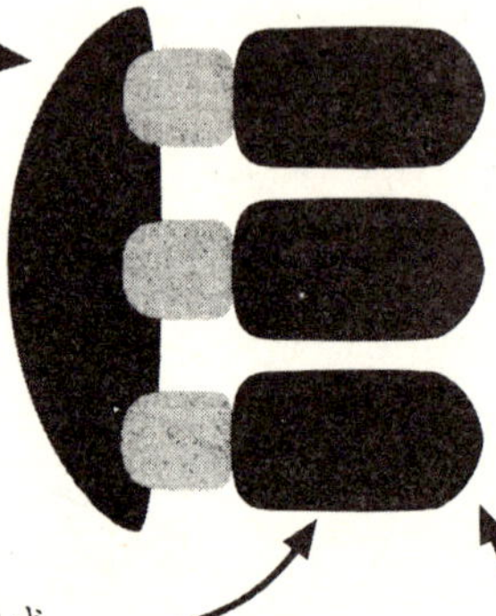

在这个活动中，你看到了一个肥皂分子对一个油脂分子产生的作用。当肥皂分子和水相融时，肥皂分子移动到表面。钠端浸在水里，而油脂端指向空中。当脏东西、油渍、油脂和肥皂接触时，比如当你把脏衣服放进肥皂液中，它们就吸附到肥皂的亲水末端。当肥皂水在游动时，肥皂分子的吸水末端也跟着水一起游动。这个吸水端把剩余的分子一起带动起来。由于亲水端还吸附在脏东西里，脏东西就从衣服里面分离出来了，也就变得干净了。在清水中可以洗掉衣物里残留的肥皂。

肥皂和脏东西的反应受到温度的影响。当溶液温和，溶液里面的分子移动更快。分子移动更快，那么分子间相互碰撞，化学反应的速度也就增快了。如果溶液是凉的，里面的分子移动更为缓慢，和其他分子撞击的次数更少，反应的速度也就减缓。在这个活动中，肥皂和脏东西的反应在温水里比在冷水里更快，这些你在“其乐无穷”的部分中可以看到。

你知道吗

有记载表明古埃及人定期在由香油和碳酸钾做成的溶液里面洗澡。古希腊和古罗马人也用橄榄油和轻石粉（一种火山岩石）做成肥皂。在公元 467 年罗马帝国衰亡后到 17 世纪之间，欧洲人洗浴和使用肥皂的数量大大减少。

2 车轮的发明

我们通常认为车轮最早在公元前 3200 年由苏美尔人发明。其实轮子早就被用来制作陶器（制陶工人在一个旋转自如的轮子上给泥土定型），但是正是苏美尔人最先发明出用在车辆上的轮子。苏美尔人的推车有沉重、实心的木车轮。车轮用两三块厚木板拴在一起，切成圆盘状。这些轮子围绕当中的洞孔旋转。该洞孔位于一个固定的轮轴上（固定的轮轴和轮子一起转动）。这些大车由牛和驴牵拉。试试这个活动，了解轮子和轮轴是怎么减轻我们的工作的。

你会用到

一头带螺丝的金属钩子，一个直径为 5 厘米的罐盖，一块尺寸为 5 厘米 ×10 厘米 ×15 厘米的木块，一把弹簧秤，一把剪刀，一张硬纸板，一卷胶带，一支铅笔，两根 15 厘米长的电线，5 根吸管，1 瓶胶水。

动手动脑

1. 把金属钩钉在木块的一头。把弹簧秤的一头用钩子钩住。
2. 把木板平放在桌子上，拉弹簧秤的另一头沿着桌子移动木块。读读弹簧秤上的读数，记下来，看看移动木块需要多大的力？
3. 把一根吸管拿开，为步骤 6 备用。把剩余的吸管摆在桌面上。吸管平行排列，彼此的间距为 0.6~1.2 厘米。
4. 把木块放在排列好的吸管的一头。再次用弹簧秤的一端拉动木头。读下和记录好这次牵拉木块需要的力。

5. 在硬纸板上用罐子盖画出 4 个直径为 5 厘米的圆。用剪刀剪下这些圆。
6. 把一根吸管剪成两段。把每根一半长的吸管各黏在木块底部的两头。
7. 在每根吸管上插入一根电线。这将是你车子的轮轴。
8. 用力推，使一个纸板轮子的中心穿上电线两头。用胶水把纸板车轮黏到轮轴上。
9. 拉弹簧秤的另一头，沿着桌子拉木块。测量拉动这块木块需要用的力并记录下来。拉动这个木块，哪种方法更省力？

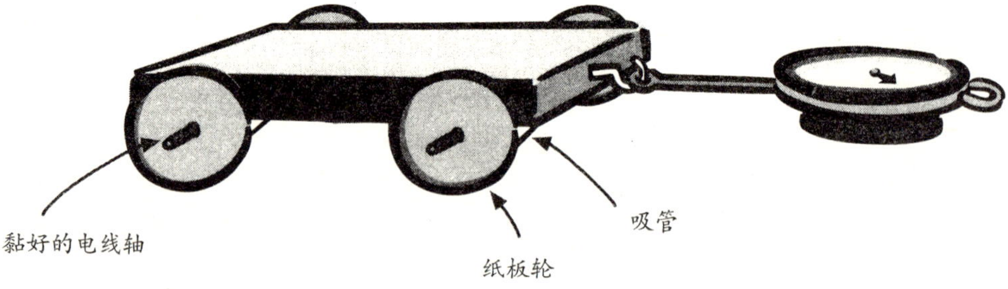

原来如此

把木块放在桌面上滑行是最费力气的。尽管在吸管上滚动木板可以省力一些，但是木块很快就滚动到了吸管的一头，因此必须先移动吸管才能把木块拉得更远。木块最容易移动的是通过带有车轮和车轴的车子。

在上个实验最后做成的木车子很容易移动东西，是因为它有带线轴的圆形的纸板车轮。这是一个简单的机器，叫做车轮和车轴。车轮会滚动，它更容易移动物体是因为它的磨擦更小。磨擦是前进的阻力。

关于车轮的发明，一种说法是早期的人类一开始发现了一个巨大沉重的物体，如果在圆木上滚动会比沿着地面拖拉更省力。于是有人就发现，一个圆木（车轮）可以在一个比较小的棍子上（车轴）上滚动。这个轮子最早是作为制陶工人的轮子使用的，使用时是水平放置的，这样就很容易边旋转边给泥坛塑形。后来有人把轮子放在轴的两头，加上一个车身，这样就发明了世界上的第一辆车。

你知道吗

公元前2000年，人们发明了轻轮辐并把它用在了快轮车上，比如战车。带轮辐的轮子不是实心的，而是在轮子中心和轮缘穿一根支柱或者横条。这样使得轮子更为轻巧，转动起来更为容易。为了增加轮子的受力，人们在车轮的外部加上铜轮缘。在公元前265~前221年，中国人发明了独轮手推车。这种大型的手推车使得个人能运输沉重的物品。中国人将这种手推车取名为“木牛”。

3 世界上最早的地图

世界上最早的为人所知的地图，出现在至少公元前2500年的巴比伦的土碑上。这些地图用符号和笔迹来表示诸如山脉、河流、建筑物的方向等不同的特征。试试这个活动，学习怎样制作自己附近地区的地图。

你会用到

一张纸，一只磁罗盘，一支铅笔，一盒彩色水笔。

动手动脑

1. 把纸平放在桌上。在纸的中下方画两条黑色的双重线，这代表你居住的街道。
2. 把纸转过来，这样纸上的线条和你居住的街道是平行的（这可以帮助你更方便地画出你附近地区的地图）。
3. 把磁罗盘放在纸上。在纸的右上方画好箭头，方向和罗盘所指的朝北的方向一致。
4. 在表明你居住的街道旁边画一个正方形，代表你的房子的地点（请确保房子画在了线的正确的一边）。
5. 在地图上画上更多的黑色线条代表你周围的街道并给每条街道写上名字。要想想，根据街道实际的距离画出哪些街道离得更近，哪些更远。
6. 用蓝色水笔画出并标出你房子周围的水域，比如小溪、河流。
7. 用绿色水笔画出并标出其他大片的区域，比如公园、树林、山丘、田野。
8. 画出一些显眼的建筑，比如学校、图书馆或者办公大楼。试着用不同的符号和颜色来代表不同的建筑。比如医院可以用红十字来代表，学校用方框来表明，上面标个S。在地图上加上这些符号。再把这

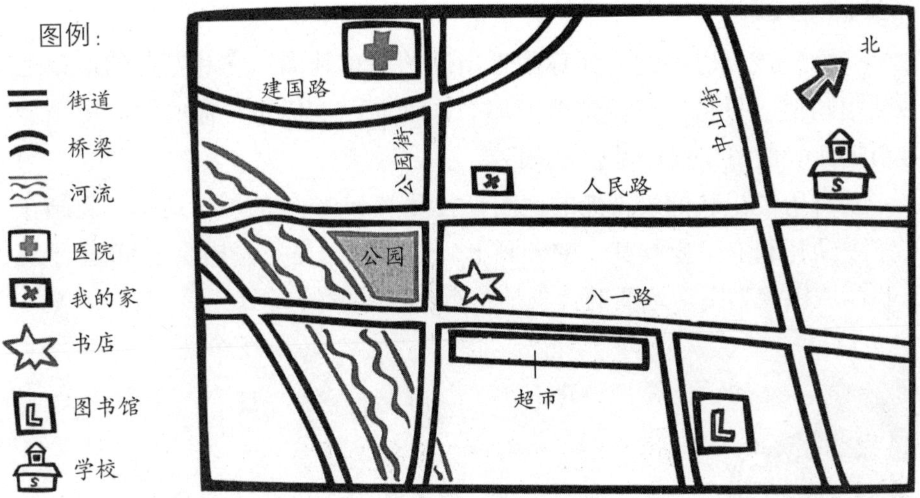

些符号的意义写在地图的“图例”栏下。如果有空间的话，将图例写在地图的空白角落。

9. 最后，把你认为重要的东西画在地图上。比如，你朋友们的房子，当地的商店等等。

其乐无穷

1. 把你的地图和专业地图进行比较。它们相似在哪里？不同在哪里？

2. 把你的地图给一个不了解你所在街区的朋友看。他能理解你所用的符号吗？他能用你的地图找到你画在地图上的地点吗，比如到达当地的公园吗？

原来如此

你应该可以绘制一张你附近街区的简单地图。它和专业的城镇地图很相似，只是没有城镇地图那么详细而已。但是，你的朋友应该能根据你的地图找到你附近的街区。

有历史记载的最古老的地图是公元前6100年的城镇地图。它画在了安纳托利亚（土耳其）的壁画上。这张地图是一张描绘了80座建筑物的城镇规划图。地图的背景是一座正在爆发的火山。

你知道吗

古希腊人在地图上加上了水平线和垂直线。这些线条演变成了今天我们地图上的经线和纬线。第一张世界地图是在公元前600年的时候由来自美里塔司的阿那克西曼德汇编的。

古罗马人改进了地图技术，他们把乡镇和城市之间的道路图标记得更为清楚。

4 最早的货币

没有人知道人们最早是什么时候开始用诸如贝壳、石头和动物骨头作为货币的。最早的金属货币是在美索不达米亚使用的小铜片。最早的硬币来自小亚细亚西部的富裕古国吕底亚（现在的土耳其），它们是用金银合金做成的。金银合金是一种天然的金和银的混合物。硬币经过加热后，变得更易铸锻（就是容易改变形状），然后放在两个雕刻过的冲模中间，用锤子击打而成。冲模上面有不同的符号和图片，硬币也就有了相应的图案。纯银和纯金是在公元前561年由克罗伊索斯国王发明的。如今，大部分的硬币是由不同的金属制成的，比如铁、镍和锌。如何知道某种硬币是由什么制成的呢？试试这个活动去找答案。

你会用到

一枚美元硬币，一枚加元硬币，一块磁铁。

动手动脑

1. 把美元硬币放在桌子上。在每个美元硬币的边上放上等值的加元硬币。
2. 仔细观察每一对硬币。它们在什么地方是相似的，什么地方又是不同的？
3. 用磁铁去触碰每个美元硬币，会发生什么呢？
4. 用磁铁去触碰每个加元硬币，这次又会发生什么呢？

其乐无穷

尝试其他国家的硬币，比如墨西哥和英国的硬币。哪种硬币是带磁性的？

原来如此

美元硬币和加元硬币看上去很相似。但是一些加元硬币，如 5 分镍币、1 角硬币和 25 分硬币都是带磁性的，而美元的等值硬币却没有磁性。

磁性是一种看不见摸不着的力量，可以把某种金属吸附到磁铁上。硬币由多种不同的金属制成，比如铜、锌、铁和镍。但是只有一些金属会吸附到磁铁上。铁、镍和钴带磁性，而铜和其他的金属却不带磁性。这就意味着美元和加元的铜便士不会被吸附到磁铁上。你可能以为美元的 5 分镍币能吸附到磁铁上，但是只有加元的 5 分镍币才含有大量的金属镍，使硬币具有磁性。

1982 年，美国硬币的金属含量有了一个重大的变化。现在的美元便士是由铜版锌制成的。美元镍币是由 75%的铜和 25%的镍合金构成的。美元的一角硬币，25 美分和 50 美分硬币都是“铬”硬币，它们由 3 根捆在一起的金属条卷在一起，达到规定的厚度而制成的。这些硬币的表面含有 75%的铜和 25%的镍，而硬币的中心和硬币的边缘是纯铜。加元的一角硬币和 25 分硬币含有更多的铁和镍合金（含有镍的金属合金），因此它们也是带磁性的。

你知道吗

在希腊，硬币的雕刻成了一种艺术形式。在公元前 525 年，大流士一世成了第一个收硬币税而不是收臣民商品税的统治者。当亚力山大大帝征服世界后，他在公元前 336 年称帝，开始把世界领袖的头像印在硬币上，这样他们的子孙后代就能记住他们的样子了。

3 金字塔的科学

古埃及

在公元前3000年，位于北非尼罗河河谷的上埃及和下埃及实现统一，形成现今人们认为的古埃及。之前就有人类居住在此，长达好几百年。到公元前30年，埃及被罗马帝国吞并。埃及人之前就拥有非常繁荣的特殊文化。

古埃及人认为他们是众神的宠儿，因为他们居住在这样一片肥沃的土地上。每年尼罗河洪水泛滥，带来了肥沃的土壤，把沙漠变成良田。尼罗河也带来了交通和食物。在尼罗河两岸生长着一种植物，叫做纸草。埃及人把这种植物压平，这样他们可以把它当成纸张在上面写字。在这片肥沃的河谷外是一片绵延的沙漠，把侵略者拦隔在外。而沙漠也有丰富的自然资源，比如金、铜和宝石。

古埃人研究天文学（研究太阳和星星的学问）。通过制作木乃伊，他们了解了人体的内脏器官和系统。他们也发明了世界上最早的文字——象形文字。

要了解更多关于古埃及的科学，请尝试本章的活动。

1 胶水的发明

胶水是我们一直在使用的东西。但是你是否知道它在几千年前就发明出来了呢？尽管无人知晓到底是谁最早发明了胶水，但是人们知道古埃及人把动物皮、骨头、腱和韧带放在一起煮沸，当水烧干之后，留下的黏性物质就可以用来粘东西，比如把布料和纸草粘在一起。甚至从埃及图坦卡蒙法老墓穴里挖出来的棺材在制成时也用了胶水。试试下面的活动，自制一些胶水。

你会用到

一只量杯，一张纸巾，一杯牛奶，一张滤网，多把汤匙，一只塑料碗，一瓶醋，一些发酵粉，一只炖锅，一只炉子，一张纸，一只搅拌勺。

动手动脑

1. 在锅里放入半杯（125 毫升）牛奶和 1 汤匙（15 毫升）醋。让成人助手轻轻点燃炉子，把锅里的混合物加热，你拿勺子偶尔搅拌一下。牛奶会变成两种物质：凝乳（固体乳）和液体状的乳清。
2. 在滤网上放一张纸巾。手拿滤网，放在塑料碗的上方，让你的成人助手把混合物倒进过滤网。乳清会透过滤网倒进碗里，而凝乳会留在滤网上。
3. 把凝乳倒回锅里，加 1/4 匙的发酵粉，轻轻搅动。如果你发现发酵粉和剩余的醋发生反应，冒出泡泡时，不要惊讶哦！
4. 慢慢地往混合物中加水，一次加一点点，直到煮出来的胶水符合你的要求。
5. 把两张纸黏在一起，试试你的胶水有没有用。

原来如此

你做的胶水应该能把两张纸片黏起来。这个实验是化学反应的一个例子。在化学反应中，当物质分裂形成一种或者多种新的物质时，物体的本质就发生了变化。在这个活动中，你把牛奶和醋两种物质结合起来形成新的物质——胶水。

首先，你用醋这种酸性物质来使牛奶酸化，牛奶就分裂成两种新的物质——凝乳和乳清。凝乳是由牛奶里面的一种叫做酪蛋白的蛋白质形成的。当你把发酵粉加到凝乳中，你又创造了新的化学反应。这种蛋白质、发酵粉和剩余的醋发生化学反应，产生了新物质——酪蛋白胶水。它是一种黏性的蛋白质。

埃及人的动物胶水是用水煮动物的骨头、兽皮、蹄子和触角，从中提取蛋白质而做成的。将提取液再次用水煮最后形成黏性物。当人们需要使用这种黏性物时，就对其进行加热处理，然后将其涂在物体上，比如木头或者纸张，然后把这些物体放在一起，让其晾干。这样不同的物体就黏在一起了。

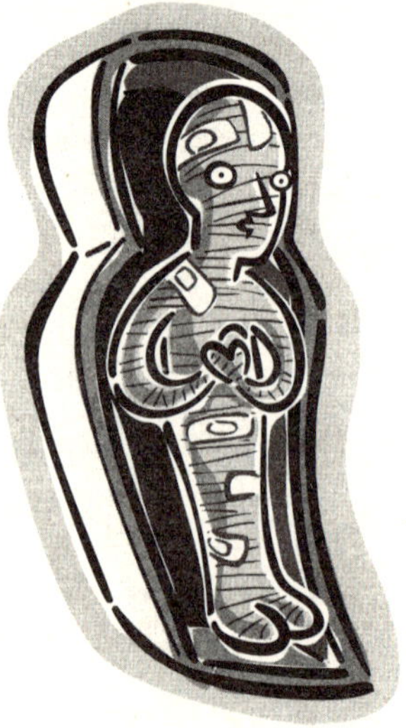

你知道吗

除了在木头和纸草上用胶水外，有证据表明古埃及人发明了第一个黏性绷带。古时候的记载提及了埃及人把简单的药物洒在布料上，然后用其包扎伤口，最后用胶水来固定住。

2 金字塔是如何建造的

埃及人的金字塔是世界上最令人惊叹的建筑物之一。人们常常会想，古埃及人是如何建造金字塔的呢？当金字塔越建越高时，他们必须把大块的石头运到更高的地方。在当时他们又是如何做到的呢？试试下面这个活动，学习他们使工作变得更为简单的方法之一。

你会用到

一头带螺丝的金属钩子，一张纸，一块木块，一支铅笔，一把弹簧秤，一块平滑的木板，几本书。

动手动脑

1. 把钩子钉在木块的一端。

2. 把木块钩在弹簧秤的一端。用弹簧秤直直地提起木块，读刻度尺上的读数，记录下木块的重力大小。

3. 用几本书垫在木板一头的下方，使得书本的高度大约为木板长度的1/3，就形成了一道斜坡。

4. 用弹簧秤时均匀用力，把木块往斜坡上拉，记录下沿途拉木块所需要的力的大小。

5. 哪种方法移动木块更省力？是直接往上提省力，还是拉上斜坡省力？

其乐无穷

可以用其他的材料来做这个实验。有没有可能更省力而木块又可以移动得更远？

原来如此

把木块沿着坡道往上拉比直接提起木块更省力。

在这个活动中，你用到了一个很简单的机械（使人们工作更为轻松的装置）：坡道。坡道使得木块移动到一堆书本的顶端更为容易。坡道其实就是一个简单的机械，称为“斜面”。所有的机械，不论多么的复杂，都是由 6 种简单机械中的一种或者多种组成的：斜面、楔、螺旋、杠杆、轮轴以及滑轮。

每种机械至少具有下列功能之一：

1. 机械能把力从一处转移到另外一处。比如自行车车链就是把踏板的力转移到后轮。

2. 机械可以改变力的方向。比如，一根缠绕在树枝上抛下来的绳子可以用来拉升一只箱子。你在绳子的另一头用力往下拉绳子就能把箱子往上提。

3. 一种机械能使速度和距离加倍。

4. 一种机械能使力量加倍。

一种机械能使力量加倍的量叫做机械利益。你可以通过下列的方程式来计算任何类型机械的机械利益：

$$\text{机械利益} = \frac{\text{装载物的力}}{\text{功力}}。$$

装载物的力是不用机械拉动物体所需要的力，而功力是使用机械拉动物体需要用的力。

比如，要推动一个坐在轮椅上的人上坡道所用的力是 100 N（N 是牛顿的缩写。1 牛顿大约为提起 1 千克物体所需要的反重力的力度）。如果一个人和轮椅要被直接拎起来所需要的反重力力量是 900 N。你可以用这个方程式来计算机械利益。

$$\begin{aligned}\text{机械利益} &= \frac{\text{装载物的力}}{\text{功力}} \\ &= \frac{900\ \text{N}}{100\ \text{N}} \\ &= 9\end{aligned}$$

这就意味着坡道增加了 9 倍的力。但是，尽管你只需要 1/9 的力来移动轮椅，你还是要推动 9 倍长的距离，这样的结果就是要做相同的力。简单的机械为了完成任务让人们要么用更少的力，要么用更长的距离。但是在两种情况中，人们都做了相同的功。

你知道吗

埃及人雕刻在石头里的画，表明他们的确使用了坡道来建造金字塔。那个时候他们既没有石器也没有带轮子的交通工具，但是他们能移动巨大的石灰石，其中一些重达 15 吨。首先在石灰石采石场，大批的奴隶用凿子从坚固的石头上凿下石块，然后奴隶们用雪橇将石块拖到金字塔工地。当金字塔越建越高时，石块被拉上许多泥坡道。等金字塔竣工之后，金字塔的顶端到底部的这些泥坡道就被铲除掉，金字塔的石头也会被打磨光滑。

3 度量衡

我们很习惯用标准的度量衡，比如米和厘米，英尺和英寸。是埃及人最早使用标准的度量衡单位。试试这个活动，研究一下一些埃及人用过的标准单位。

你会用到

一块尺寸约 0.6 厘米 ×2.5 厘米 ×30 厘米的木头，一把锯子，一支铅笔，一张纸张，一块尺寸约 0.6 厘米 ×2.5 厘米 ×60 厘米的木头。

动手动脑

1. 把更短的木头放好，和墙壁保持垂直。
2. 把你的右脚踩在这块木头上，你的脚后跟贴着墙壁。
3. 用铅笔在木头上标记下你大脚趾的位置。
4. 在木头的另一侧写下“足尺”两字。
5. 把更长的那根木头放好，和墙壁保持垂直。
6. 这次让你的肘部紧贴墙壁，将你的手臂和手掌心平放在木头上。
7. 用铅笔在木头上标注你的中指的位置。
8. 在这块木头的另一侧写下“腕尺”两字。
9. 让你的成人助手在你做标识的地方开始锯木头。现在你就有了一根“足尺”的丈量棍子和一根“腕尺”的丈量棍子。
10. 用两根丈量棍去衡量你房子里的几件东西，比如桌子、门以及你房间地板的尺寸。用“足尺”或者“腕尺”来记录尺寸。

足尺

腕尺

其乐无穷

要测量更长的东西，你可以做一根“步子”测量棍。可以在更长的木头上量一量你的步伐的长度，就是你走一步的长度。让你的成人助手在标识处锯下木头，然后用它来测量不同物体的长度。

原来如此

你可以用“足尺”棍或者“腕尺”棍轻松地测量不同物体的长度。在“其乐无穷”里，你可以做一个“步子”测量棍来测量更远的距离。

古埃及人用法老的足部的长度作为足尺的标准长度，用法老肘部到中指的长度作为腕尺的标准长度。

这个做法有一个问题，就是标准会因国家和年代的不同而不同，取决于谁是国家的统治者。现在我们有很详细的国界度量衡标准。比如，原来 1 米等于从地球赤道到北极距离的 10 万分之一，即 97 厘米。现在 1 米的距离等于光在 1/299792458 秒的传播距离。

你知道吗

尽管古埃及人最早使用标准的测量单位，罗马人却把它们带到了世界各地。当古罗马军队在古老的世界进军时，他们被要求在行军前进时用某种特定的节奏和步伐。他们还计算从一个城镇到另外一个城镇所走的步数，每 1000 步就稍做休息。在这些每 1000 步就休息的间隔，他们会在路边矗立一个用石头做的标识。以后这些标识就成了距离的标准测量单位。拉丁语中的 1000 就是一“mille”，后来就缩写成我们现在用的“mile”。这些罗马士兵每 1000 步走过的距离大约是 1609.3 米。

4 日晷

现在几点啦？你只要看看墙上的钟、你的手表或者电脑就可以很轻易地回答这个问题。但是人们在机械表发明之前是怎么来断定时间的呢？埃及人用了好几种方法使用太阳透射的影子来推断时间。世界上的第一个日晷是公元前 15 世纪由埃及的图特摩斯三世法老制作的。试试这个活动，做一个你自己的日晷，看看它是怎样起作用的。

你会用到

一块 20 厘米见方的正方形薄纸板，一把量角器，一块 25 厘米见方的正方形厚纸板，一把尺子，一支铅笔，一把剪刀，一卷胶带，一只磁罗盘。

动手动脑

1. 把薄的正方形纸板放在厚的正方形纸板的中间。在薄纸板的四周画条线，在 25 厘米厚的纸板上画出一个 20 厘米的正方形。这就是你的日晷基地。
2. 找到正方形两个对边的中点，可以通过从正方形的相交成角处量出 10 厘米。把中点连接，把 20 厘米的正方形一分为二。这条线代表 12 点。
3. 用量角器，沿着 12 点这条线往左边量，分别量出下列角度。画出要表示的角度的线条，并在每条线上标上相应的时间。

角度	时间
11°	下午 1 点
22°	下午 2 点
35°	下午 3 点
51°	下午 4 点
69°	下午 5 点

4. 再用量角器，沿着 12 点这条线往右边量，分别量出下列角度。画出要表示的角度的线条，并在每条线上标上相应的时间。

角度	时间
11°	上午 11 点
22°	上午 10 点
35°	上午 9 点
51°	上午 8 点
69°	上午 7 点

5. 用尺子和铅笔在 20 厘米的薄纸板上画出对角线。

6. 用剪刀沿着对角线剪纸板，剪成两个纸板三角形。

7. 沿着 12 点的线把一个纸板三角形黏在日晷底部，这样三角形垂直于日晷底部。用量角器确定三角形和日晷底部的夹角是 90°。

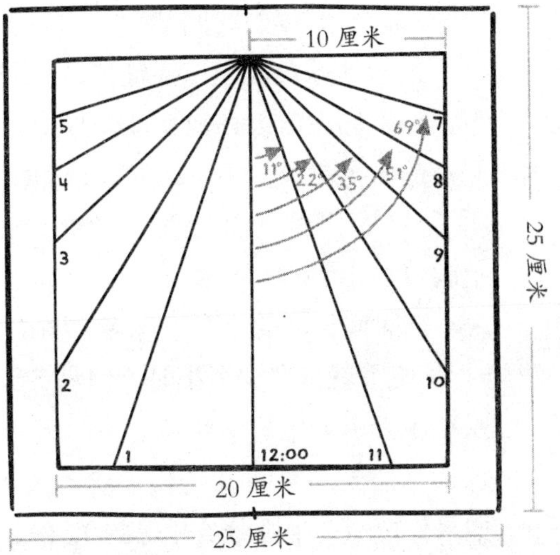

8. 在天晴的日子里，把日晷带到室外。用罗盘来定好日晷，使其朝北。把日晷的时间和真实的时间相对比，看看日晷的时间有多准确？

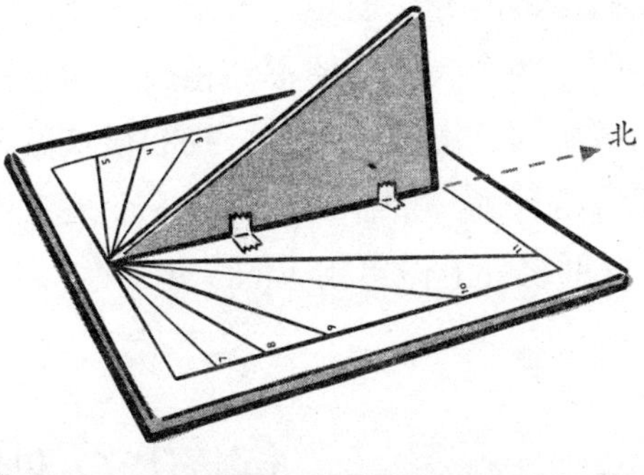

其乐无穷

日晷在纬度 40° ~ 50° 之间会更加精确。如果你不住在这些纬度区间，那么你如何来调整你的日晷使其精确呢？可以试试这些方法，比如把日晷倾斜或者改变日晷表明小时标识的角度。

原来如此

你的日晷读的时间和手表的真实时间很相近。

由于地球自西向东绕轴自转，因此看上去太阳在东边升起，西边落下。如果你在白天在地上插一根棍子，棍子会留下影子。影子在白天和深夜的时候更长，中午的时候最短。正是了解了这个事实，埃及人才发明了日晷。当影子在地面上移动，人们做出标记来代表小时。尽管一天中的每个小时时间长度一样，但却不总是这样。一些早期的文明使用代表不同时间长度的小时。许多文明认为白天有多少个小时（常常是 12 小时），晚上就有多少个小时。但是冬天的白天比夏天的白天时间更短，所以在冬天白天更短。实际上，白天的长短根据每日不同而不同，离夏天越近，白天的时间就越长。离冬天越近，白天的时间就再次变得越短。如果你把一个半圆分成相等的 12 份，中间的点朝北的话，那么在圆圈上的影子就代表了白天的时辰。但是，太阳从一条线移到另一条线的时间依季节不同而不同，在今天使用便不够精确。为了弥补这个缺点，你可以让你的日晷的每条线有不同的角度。我们很难做出一个日晷在不同的几个地点都会非常的精确。日晷一般只在一个地点比较精确。当换个地方时，就要在日晷的设计上做出相应的变化。

你知道吗

埃及人也用影子钟来确定时间，其方法和日晷相似。影子钟是用一个带横木的柱子在地面上投射影子。地面上的标识用来确定时间。影子钟很容易制作，但是由于季节变化变得更不精确。

埃及人最早把日出和日落的间隔分成 12 个相同的部分，他们也把晚上分成 12 个部分；由于这个时间的划分，所以才有了我们现在的“小时”和一天有 24 个小时的事实。

5 象形文字

古埃及人可能发明了世界上最早的文字。象形文字是一种古埃及的书写体，它用图形或者符号来代表一个单词、符号或者声音。它可以追溯到公元前3200年。苏美尔人发明了自己的文字，叫做楔形文字，其出现的时间大体和古埃及的象形文字出现的时间相当。当古埃及文字被发现后，我们没有办法去翻译它们，因为有好几千年人们没有使用象形文字。试试这个活动，学习象形文字。

你会用到

一支铅笔，两张纸。

动手动脑

1. 在第一张纸上写下几个简单的单词，比如“罐子”（Pot）、“猫”（Cat）。

2. 在第二张纸上用象形文字写下这些单词，用下图的编码把每个字母变成符号。比如，字母A可以写成  。字母B可以写成  ，字

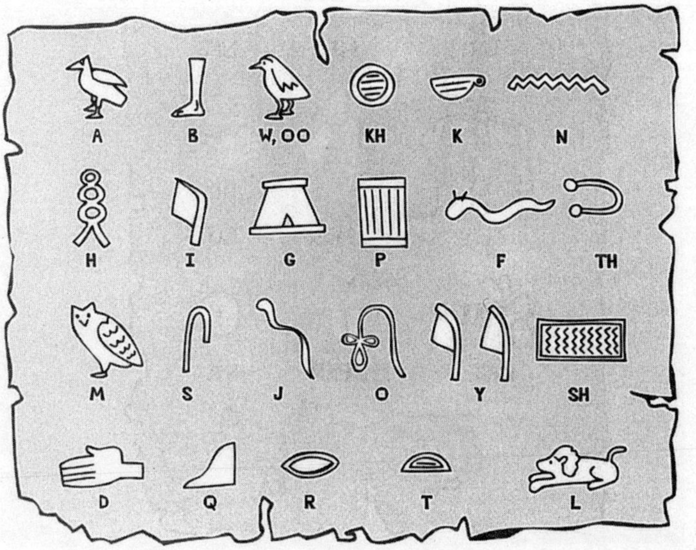

母 K（也用做字母 C）可以写成 ，字母 W 就可以写成 。单词 CODE 写成  请注意单词的最后一个字母 E 是没有符号代替的。埃及人对大部分元音都没有发明符号来表示。

3. 你可以用几种不同的方式来写你的单词。象形文字是一排排或者一纵列写的。既可以从左到右写，也可以从右到左写。你可以通过看人和动物的图来决定这篇文章是怎么个读法。这些人和动物一般都面向一行字的开头。先读上面的符号，再读下面的符号。

4. 把第二张纸给你的助手。要求你的助手用象形文字编码把每个符号变成相应的字母来翻译出你写的单词。

其乐无穷

象形文字也用符号标识来代表字母的组合，如下图所示。试试把它们加进你的象形文字编码里，写下更多的单词和短句。

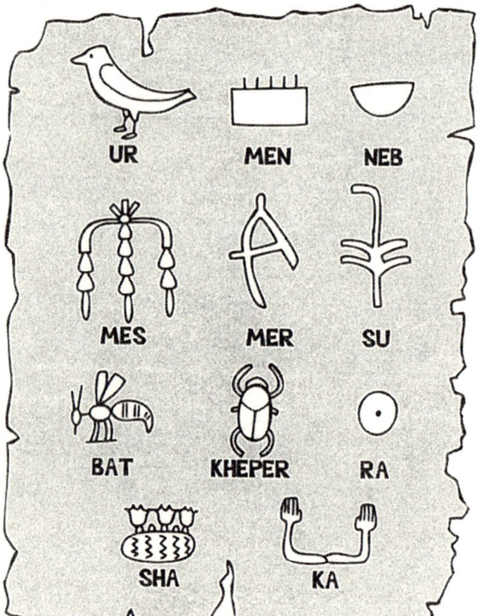

原来如此

你的助手应该能借助符号翻译把你的信息表达出来。

这个活动表明了古埃及人是怎样用一个体系的符号来代表字母的。在英语中，我们用字母来代表发音单词。大部分语言都有自己的文字。一些语言使用和英语很相近的字母，而另外一些语言会用很不同的符号。比如在汉语中，用不同的符号表示不同的发音。其他的语言用一个符号代表一个单词，甚至一组单词。

你知道吗

在 1799 年，在埃及的罗塞塔地区附近，正在挖掘壕沟的法国士兵发现了一块石头板层，上面刻有文字。文字是在公元前 197 年雕刻的，还用埃及象形文字、埃及通俗文字（一种古埃及流行的手迹）和希腊文。尚 · 皮里欧花了 14 年的时间来翻译这块石板。因为石板上的希腊文是可以解读的，他用已知的希腊文来理解象形文字符号的意思。这个罗塞塔石板是解开古埃及象形文字之谜的关键。

4 来自城邦的科学

古希腊

在公元前500年左右，一种杰出的文化开始在爱情海和地中海附近的一些小城邦中发展起来。城邦是一个独立的城市，它直接统治着周围的领地。这种文化的优越性为之后的欧洲文明在科学、政治、运动以及其他方面的发展奠定了基础。古希腊在运动、音乐、医学和数学等各个领域都取得了杰出的成就，影响深远。

古希腊在医学领域的发现，如诊断、治疗、预防疾病以及保健科学，特别值得我们注意。古希腊人最早开始用一种简单的科学调查的方法对疾病进行研究。他们对周围的世界充满了好奇，并在诸多领域尤其是物理学和天文学领域有了许多重大的发现。

古希腊人还引入了民主的概念。在古希腊，除了国王之外，许多人都有机会发表自己的言论。他们的自由讨论使哲学、推理、逻辑和科学方法得以产生。它开启了诸如亚里斯多德那样的伟大人物的时代。亚里斯多德把科学分为生物学和物理学等门类，并对它们进行研究。推理和探究事物的能力在古希腊人看来显得尤为重要。古希腊人认为培养智力和挑战大脑本身就是很有价值的。古希腊人发明了水车和蒸汽机等物品，他们之后的罗马人和欧洲人则改进了这些发明。

要了解古希腊人对我们这个世界的更多的贡献的话，请尝试这个章节所提到的各种活动。

1 水钟

在前一章，你读到过埃及人发明的日晷，一种通过观测太阳的影子来测定时间的仪器。但是如果在夜间或者多云的情况下，如何来计算时间呢？大约在公元前330年，古希腊人发明了一种称为漏壶的仪器，它通过水流来测定时间。试试通过以下的活动来制作你自己的水钟。

你会用到

一枚小钉子，一只干净的塑料壶，一只杯子，一卷胶带，几本书，一只秒表，一支记号笔。

动手动脑

1. 用钉子在塑料壶的底部戳一个小洞，然后把胶带贴在这个洞上。
2. 把这个容器灌满水，然后放在几本书的上面。把杯子放在垫了书的塑料壶下方，使壶底的那个洞正好在杯子的上部。
3. 在除去胶带的同时按下秒表。这样壶里的水就开始流到杯子里。
4. 一分钟后，用记号笔在杯子上标注一下水位。确保记号要标注在水线的下方。每隔一分钟标注一次，直到壶里的水流光。
5. 等水流光之后，重新用胶带把壶底的小洞封上，然后把杯子里的水重新倒回壶里。去除胶带之后，你就得到了一个可以计时的水钟。你可以估算两个标记之间的时间。

原来如此

水会从放在书上的塑料壶流到它下面的杯子里。这样你就可以通过观察杯子上的标记来读取时间。

这个水钟之所以有效，是因为水是以均匀的速度流出小洞的。希腊人的水漏壶用的是一只灌满水的圆柱形容器。当水从圆柱形容器里滴落下来的时候，一根指针会随之移动，并在刻度盘上标明时间。从水钟到电子表，所有的计时设备之所以能够起作用，那是因为它们都遵循了匀速运动这样一个基本的原理。水钟的水滴按照既定的速度下落。摆钟通过钟摆的匀速摆动来告诉我们时间。现代的电子表则通过石英分子的规则震动来测算时间。

你知道吗

尽管水钟并不是测算时间的最好方法，但是直到几个世纪之后，人们才发明出更精确的计时方法。事实上，16 世纪的意大利科学家伽利略在研究物体因为重力落回地面的速度时就曾使用过水钟。

2 音乐之声

在古代，有七弦琴和竖琴这样的弦乐器。如果你玩过吉他或者小提琴之类的现代弦乐器，那你就知道通过改变不同弦的声音就可以产生曲调。公元前 6 世纪，古希腊一位叫毕达哥拉斯的数学家通过数学的方法告诉我们弦的长度是如何影响音调的。让我们来尝试一下这个活动来验证毕达哥拉斯的发现。

你会用到

一把锤子，一枚钉子，一块 2.5 厘米 ×20 厘米 ×60 厘米的木板，一根 1 米长的尼龙钓鱼线，一只 S 形的钩子，一只塑料桶，一个石块，一支铅笔，一把尺子。

动手动脑

1. 请成人帮忙把一枚钉子小心地钉入到木板边缘一半的深度。然后把木板放在桌子上，使得与钉子相对的木板边缘和桌子的边缘紧贴在一起。
2. 把钓鱼线的一端固定在钉子上，把 S 形的金属钩固定在钓鱼线的另外一端。
3. 在塑料桶里装一些石头，然后把桶挂在 S 形的钩子上。调整一下钓鱼线的长度，使得塑料桶可以自由地晃动。
4. 放两支铅笔在钓鱼线的下面，然后拨弄两支铅笔之间的那段钓鱼线。你会有什么发现？

5. 调整铅笔的位置，使得它们之间的距离为20厘米。然后再次拨动它们之间的那段钓鱼线，这次你听到了什么？

6. 再次将铅笔之间的距离调整为10厘米。这次你听到什么？这次听见的声音同你第一次听见的声音是一样的，还是有所不同的？并请做出解释。

7. 将铅笔之间的距离调整为30厘米。这次你又听见了什么？这次听见的声音同你第一次听见的声音是一样的，还是不一样的？并请做出解释。

其乐无穷

把两支铅笔放在不同的位置。铅笔之间距离的增大或减小是如何影响音调的？你能找出它们之间的不同距离代表哪个音阶吗？

原来如此

当铅笔之间的钓鱼线的长度发生改变之后，被拨动的钓鱼线会发出不同的音调。

铅笔之间的鱼线长度会影响这个弦乐器所产生的音调。音调取决于产生振动的频率。振动频率越高，音调就越高。两支铅笔之间的钓鱼线距离越短，音调就越高。距离越长，音调就越低。一般说来，一根长度只有另一根弦一半的弦的震动速度会是后者的两倍，它所发出的音调比后者要高八度。在这个活动中，两支铅笔之间的距离为10厘米的弦所发出的音调比距离为20厘米的弦所发出的音调要高八度。

出生在公元前580年左右的古希腊数学家毕达哥拉斯认为，世界万物都是有秩序的，许多事物之间都存在着某种数学上的天然联系。他和他的学生对音乐以及弦的长度对音调产生的影响进行了研究。他们发现，如果连续排列的那些弦与最长的那根弦成等比例的话，那它们就能发出最悦耳的声音。等比例的弦长在生活中得到广泛运用，最终演变成了沿用至今的由八分音符组成的传统音阶。如果没有这位希腊的数学家，我们听到的音乐就不会一样了！

3 阿基米德定律

据说，古希腊的科学家阿基米德在洗澡的时候发现了一个著名的科学原理。他发现：当他把身体完全浸入到装满水的浴盆里面的时候，流出浴盆的水的重量和自己的体重相等。据说，当他意识到这一点的时候，他跳出浴盆大喊："我发现了！"他所发现的就是我们今天所熟知的阿基米德定律。让我们来尝试一下这一活动，并观察这一定理是如何起作用的。

你会用到

一只小锅，一只塑料盆，一块石头，一根绳子，一把弹簧秤，一只没盖子的瓶子。

动手动脑

1. 把小锅放在塑料盆里，然后在锅里放满水。
2. 拿绳子拴住石头。
3. 拿弹簧秤钩住绳子的另外一头，并在空中称一下石头的重量。然后记录下石头的重量。
4. 拿着钩住石头的弹簧秤，慢慢地把石头浸入水中，直到它完全没入。锅里的水应该会流到塑料盆中。
5. 再次记下石头的重量。你发现在水中称的石头的重量有什么变化吗？
6. 计算石头在空中和在水中的重量差。
7. 用另一根绳子绑住瓶口，使得你用绳子就能把瓶子提起来。
8. 用弹簧秤钩住绳子，称一下空瓶子的重量。

9. 分别把石头和锅从塑料盆中拿走。

10. 把塑料盆里的水倒进空瓶子里。

11. 再次用弹簧秤称一下装了水的瓶子的重量。

12. 把加水瓶子的重量减去空瓶子的重量，计算出水的重量。

13. 把瓶内水的重量和石头在空气和在水中的重量差进行比较，你发现了什么？

其乐无穷

在两只同样的泡沫塑料杯的中部画上一条水平线。把一只杯子放在装水的塑料盆内，然后把弹珠不断放入杯中，直到水位到达中部的那条水平线。往第二只杯子里注入水，直到水位达到同样的位置。每只手各拿一只杯子，并比较两只杯子的重量，你发现了什么？

原来如此

浸入水中的石头的重量比空气中的石头重量要轻。你在称了因石头放入锅中而溢出到塑料盆内的水的重量后，你会发现这个重量和石头在水中和在空气中的重量差是相同的。在“其乐无穷”中，装弹珠的杯子和装水的杯子重量也是相同的。

这两个实验证明了阿基米德定律，它表明浸在液体中的物体受到

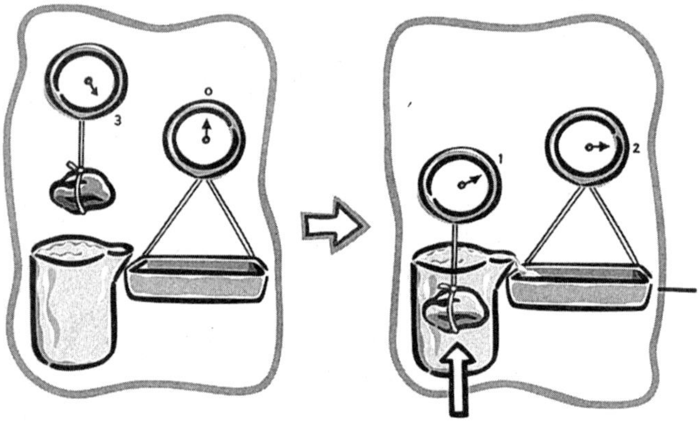

浮力等于石头排出的水的重量

了向上的浮力，浮力的大小等于它排开液体的重量。在这个实验中，石头在水中的重量要小于它在空气中的重量。水对石头的浮力等于石头排出的水的重量。

阿基米德定律还解释了为什么船能够浮在水面上。当某个物体浸入水中时，浮力产生一种向上的力，抵消了物体本身向下的重力。当某个物体，如船、冲浪板甚至是装了弹珠的杯子放在水中的时候，这些物体本身因为自重而浸入水中。它们所受到的浮力等于它们沉入水中部分所排出的水的重量。如果水对于一艘船的向上浮力正好等于船对于水向下的重力，那么船就可以浮在水面上。如果铁船也要能浮起来的话，那么这艘船必须在不增加自重的前提下增加它的体积。这就增加了它和水的接触面。

阿基米德定律对于任何船只的建造来说都是非常重要的。在造船的时候，船的重量必须小于或等于它所排出的水的重量。

4 潜水钟

古希腊人不仅研究如何让物体浮在水面上，而且还发明了一种方法，能够让人在水下待很长一段时间。尝试一下这个实验，那样可以让你学到古希腊人在这方面的研究。

你会用到

一根绳子，一块石头，一只塑料瓶，一卷胶带，一根40厘米长的塑料吸管，一只大水槽或大浴盆。

动手动脑

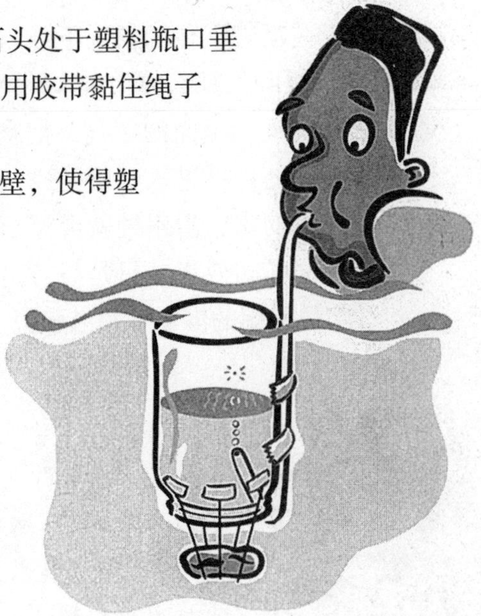

1. 用两段绳子吊住石头，使得石头处于塑料瓶口垂直下方5厘米左右的位置，并用胶带黏住绳子的另一端，确保其足够牢固。
2. 用胶带把吸管黏在塑料瓶的外壁，使得塑料吸管的下端伸到塑料瓶的瓶口里。
3. 将水槽或者浴盆注满水。
4. 用嘴夹住塑料吸管的一头，然后把塑料瓶放在水中，使得石头的位置在塑料吸管的下方。塑料瓶的一部分应该要浮出水面，如果它沉入水底的话，那么请换一块小一点的石头。
5. 张开嘴，放开原先夹住的吸管，发生了什么？
6. 朝吸管里吹气，现在塑料瓶和石头又发生了什么样的变化？

其乐无穷

通过水族气泵让塑料瓶和石头上下浮动。再想想看，有没有其他的办法能让塑料瓶和石头上下浮动？

原来如此

当你释放夹住的塑料吸管的一端时，塑料瓶和石头就会沉入水中。当你朝吸管里吹气的时候，塑料瓶和石头就会从水中上升，漂浮在水面上。

在这个实验中，你设计了一个潜水钟。这是一个钟状或桶状的容器。当你把它放入水中之后，容器就会把空气压在它的下方。当塑料瓶和石头在吸管夹住的情况下放入水中时，塑料瓶中的气压等于它在水槽中的水压时，那么你的潜水钟就会浮起来。当你放开夹住的吸管时，水就会替代吸管里面的空气，把空气挤出吸管，潜水钟就会下沉。如果你吹吸管的话，进入吸管的空气就会使塑料瓶的气压增加。空气取代了瓶子里的水，潜水钟就会浮出水面。如果你用水族气泵的话，你也会达到同样的效果，只是后者是一种机械装置罢了。这有点类似于现代潜水员使用的潜水钟和潜水服。

你知道吗

潜水钟是一种帮助人们在水下增加呼吸时间的设备。潜水的人可以通过游到这些水下的潜水钟内进行呼吸，而无需返回到水面换气。历史学家曾记载亚历山大大帝曾于公元前333年使用过一种带玻璃罩的潜水钟。自那以后，带有通往水面空气吸管的潜水钟就演变成了潜水服。

5 神奇的吸引力

你或许会注意到当你用一只充气的气球摩擦你的头发的时候，头发会被气球吸过去。公元前600年，希腊科学家泰勒斯发现：如果他用琥珀来摩擦羊毛织物的话，那么小片的稻草和皮革就会被吸附到琥珀上。尽管泰勒斯不知道这种吸引力是如何产生的，但是他却记录了这种有趣的现象。到底是什么引起了这种现象呢？让我们来尝试下面这个实验。

你会用到

一张纸巾，一茶匙松脆的麦片，一只气球，一件羊毛衫。

动手动脑

1. 把纸巾放在桌子上。
2. 把麦片放在纸巾上。
3. 把气球吹大，然后在吹气口打结。
4. 用气球在羊毛衫上多次摩擦。
5. 把气球靠近麦片，看看会发生什么？

其乐无穷

再次尝试这个实验，只不过这次把被吸引的物体换成小纸片，每一片纸片的长度不要超过 0.6 厘米。这些小纸片会被吸附到气球上吗？

原来如此

麦片和小纸片一样都被吸附到了气球上。

静电在这个试验中起到了作用。静电是一种不会流动的电。物体都是由原子构成的。每个原子都拥有同样多的质子和电子。质子有一个正电荷，电子有一个负电荷。当一个物体所拥有的正、负电荷相等的时候，它是中性的，或者说是不带电的。然而某些物体，如羊毛或头发很容易丢失电子。当你用羊毛衫来摩擦气球的时候，某些电子会从羊毛衫上转移到了气球上，于是气球就带上了负电荷。当你把带负电荷的气球靠近松脆的麦片的时候，带负电荷的气球就会排斥每一粒麦片上面的电子。电子转移到了麦片的另外一面。这让靠近气球的那一面产生了静态的正电荷，于是麦片就被吸附到了带负电荷的气球上。

你知道吗

尽管古希腊人发现了静电引起的物体之间的吸附现象，但是数千年之后，科学家才发现由原子的电子、质子和中子所引起的带电属性。单词“电子”、“电的”和“点”都来自希腊语“琥珀”，因为后来科学家才认识到古希腊人这一最早发现的重要性。

6 星盘

星盘是古希腊人发明的一种复杂工具，它有多种用途，包括报时、计算星体的位置以及确定纬度。星盘大概是在公元前150年发明的，它多被用于天文观测和航海。想要更多地了解星盘的作用的话，让我们来尝试下面这个活动。

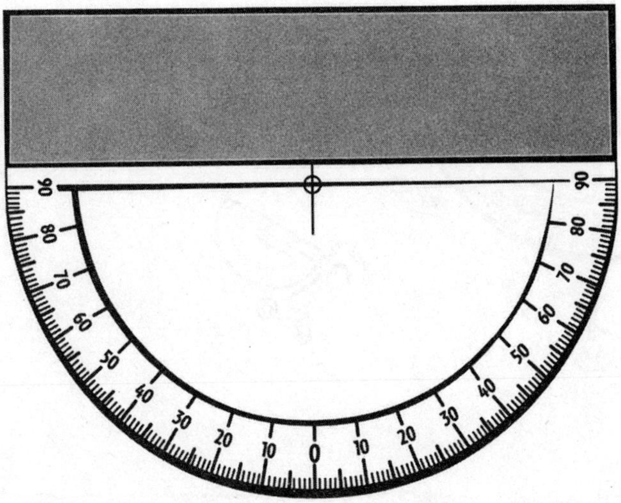

你会用到

本书中的星盘的图片，一把剪刀，一支铅笔，一卷胶带，一瓶胶水，一张 12.5 厘米 ×20 厘米大小的纸板，一根 16 厘米长的绳子，一块金属垫片。

动手动脑

1. 把本书中的星盘的图片复印并剪下来，如果有必要的话，可以放大。
2. 把星盘的上部的图形沿着铅笔卷，直到边缘卷到粗的双线为止，这样就做成了一个纸筒。
3. 用胶带黏住纸筒，然后让铅笔滑出，这样你就做成了一个观测筒。
4. 用纸板黏住星盘的底部。沿着星盘裁去多余的纸板。
5. 拿一根 16 厘米长的绳子，绳子的一头拴住金属垫片。
6. 用剪刀在观测筒下部的星盘顶部的中部戳一个小洞。
7. 把绳子的另外一端穿过小洞，并用胶带黏住。
8. 在绳子自由垂放的前提下，通过观测筒来观测一棵树的顶部。
9. 通过观测绳子接触星盘的位置来读数，显示了什么数字？
10. 再把观测的位置移远一些，然后来观测树的顶部。跟第一次的读数相比，你发现角度发生了什么变化吗？

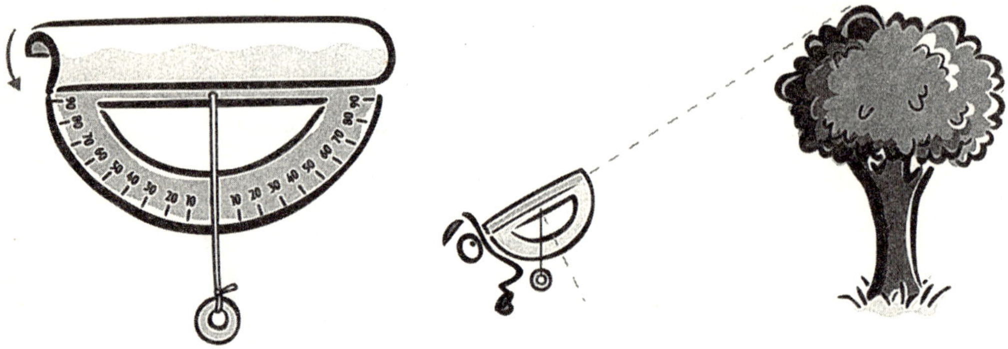

其乐无穷

1. 站在离树或其他建筑物 30 米远的地方来观测。

2. 通过观测筒来观测树的顶部。

3. 不要移动星盘的位置，然后读取绳子接触星盘上的读数。

4. 通过下面的表格来估测书的高度。

角度	高度（米）	角度	高度（米）
5°	2.7	45°	31.0
10°	5.4	50°	36.7
15°	8.2	55°	43.9
20°	11.2	60°	53.3
25°	14.4	65°	65.9
30°	17.8	70°	84.5
35°	21.3	75°	114.8
40°	25.8		

原来如此

你可以用星盘来测量视平线和树顶之间的角度。这个角度用度来表示。当你移动到更远的位置时，这个角度会变得更小，在星盘上显示的度数也会变得更小。

在“其乐无穷”中所显示的那个表格是建立在古希腊人最早称之为三角学的数学原理之上的。

三角学是一门研究三角形的边和角度之间关系的学科。这些关系被称为三角率。用来确定树高的这个比率称为正切比。三角率可以用来确定山的高度，河的宽度或者火车的长度而无需直接测量它们。

星盘的发明使大航海时代（约公元 1450 ~1650）成为可能，它使航海家们能够测量他们的船只距离赤道南北的距离。

你知道吗

最早的星盘是在公元 4 世纪由亚历山大的一个名叫希帕提娅的妇女发明的。阿拉伯人借用了古希腊人的这一发明，并加以改进。

7 测量地球

你知道地球是一个圆球体，因为你或许看到过地球的照片，或者从空中看到过地球的形状。但古代人是如何断定地球是一个圆球体的呢，他们如何知道地球的长度呢？尝试以下的活动来发现古希腊的数学家埃拉托斯特尼是如何最早把地球的长度给测量出来的。

你会用到

一卷胶带，一根两米长的绳子，一把米尺，一只量角器，一张纸，一支铅笔，一只计算器。3 位助手（一位和你住在一起，另外两位住在离你南部或北部至少 800 千米的地方）。

注意：这个活动必须在阳光灿烂的户外完成。

动手动脑

1. 把绳子的一端黏在米尺的一端。
2. 在正午 12 点时，把米尺垂直地放在户外的平地上，用量角器量一下，米尺和地面必须成 90°。
3. 转动米尺，使它的平面转向它投射到地面的阴影方向。
4. 让你的助手拉紧绳子，直到绳子的另一端碰到阴影的顶部。
5. 用量角器测量一下绳子和米尺之间的角度，然后记录下数据。
6. 住在你北部或南部的朋友也重复步骤 1~5 的操作。
7. 确定你的朋友和你之间的距离。
8. 将你的朋友的数据和你自己的数据一并记录下来。用较大的那个角度减去较小的那个角度。
9. 使用计算器和你手头的数据来计算地球的半径（从地球中心到地球边缘的长度）：首先用步骤 8 中得到的数据去除以 360。然后用你得到的数据去乘以

你和你朋友之间的距离，然后除以 6.28。你最终得到了什么答案？

其乐无穷

和住在各地的朋友一起来尝试这个活动。你得到了什么样的答案？

原来如此

你的计算结果应该大约为 6 400 千米。

举例来说，比如说你的朋友住在离你 890 千米远的地方。你们两个分别做了实验之后，你测出的角度是 28°，你的朋友测出的角度是 36°。把后者减去前者，得到的结果是 8°。然后拿 360 除以 8，得到 45。拿 45 乘以你朋友和你之间的距离：890 千米，你得到 40 050 千米，再除以 6.28 就得到 6 377 千米。你就粗略计算出了地球的半径。

在古代，一些人曾以为地球是一个大圆盘，另外一些人则认为地球是一个方盒子。古埃及人认为地球的形状像一个鸡蛋。但在 2500 年前古希腊人就断定地球是一个球体。古希腊哲学家柏拉图认为：既然圆球形是一个完美的形状，那么地球就一定是那样的。亚里斯多德也支持这种观点，他观察到了地球在月食的时候在月亮上面投射出一个圆弧形的影子。

是古希腊人最早测量出了地球的半径。公元前 200 年，古希腊数学家埃拉托斯特尼是亚历山大图书馆的馆长。阿斯旺处于亚历山大以南 800 千米，一个阿斯旺附近地区的旅游者告诉他：夏至的正午，当太阳在我们头顶的时候，水井的底部可以直接被阳光照到。根据这个信息，埃拉托斯特尼意识到，只要运用一点几何知识，他就可以通过测量太阳光线在两个不同地点的角度差来测算出地球的半径。他的计算结果和我们今天的数值误差不到15%。

直到1522年，葡萄牙的航海家麦哲伦和他的船员们成功地环游地球，人们才通过直接的观察证实了地球是一个球体。

你知道吗

在1474年，一位采用托勒密（古希腊天文学家）测算数据的意大利绘图师把地球的长度算错了数千千米。因为这一错误，探险家克里斯托弗·哥伦布才在1492年有勇气开始历史性的航行。他认为印度离加纳利群岛只有4 320千米，实际上两地之间的距离为16 000千米。

8 美妙的反射

你也许每天都要照镜子，却很少会对镜子本身进行思考。但镜子的作用远不止是帮你看清楚自己。它还能让你了解物理学。古埃及人最早用磨光的黄铜作为他们的镜子。但最早对镜子的反射现象进行研究的却是古希腊的数学家欧几里德。尝试以下的活动对镜子和光学有进一步的了解。

你会用到

一张纸，一小块成型黏土，一面小镜子，一支铅笔，一枚大头针，一把尺子。

动手动脑

1. 把纸放在桌子或其他平面上。
2. 用黏土作为镜子的支撑，使它能够与桌子的平面保持垂直。
3. 把镜子放在黏土的支撑架之上，使面对你的镜子处于纸张的中部。用铅笔在镜子前端纸张接触处画一条直线。
4. 让大头针的针头朝上，摆放在距离镜子 7.5 厘米的位置。在大头针的外缘划一个圆来标记它的位置。
5. 站在靠近纸张一角的位置，闭上一只眼睛来观察镜子中大头针的位置。然后把尺子放在纸上，使尺子的一边紧贴着你在镜子中看到的大头针的那条假想的直线。然后沿着那个边缘画上一条直线。
6. 然后把观测点移到纸张的另外一端，再次重复步骤 5。
7. 把镜子从纸上移开。然后用尺子分别延长步骤 5 和步骤 6 所画出的两条直线，直到它们在镜子背面的位置相交。
8. 测一下从镜子前方的直线到大头针圆心的距离，再测一下镜前直线到步骤 7 得出的那个相交点之间的距离。你发现了什么？

其乐无穷

换一张纸，然后把大头针放在另一个位置，重复这个实验，你会得到一个什么样的结果？

原来如此

从大头针到镜子的距离应该同两条直线相交点到镜子的距离是相同的。

光学是研究光线属性的科学。当光线投射到一个平面时，光线会发生反射。当你看镜子的时候，你看到的是大头针在镜子中的倒影。光线离开大头针，以直线的形式投射到镜子上。我们称这样的光线为入射光线。入射光线投射到镜子上之后，以另外一条直线的形式反射到你的眼睛，我们称之为反射光线。你在试验中所画下的直线是光线反射的路线。反射光线正好相交于镜子后方大头针成像的位置。在一个平面镜中，物体成像和镜子之间的距离等同于物体和镜子之间的距离。

如果你测量一下入射光线和镜子之间的角度，再测一下反射光线和镜子之间的角度，你会发现反射角和入射角是相等的。我们称之为反射定理。

平面光学很容易理解。但是如果镜面是凹凸的话，那么就会产生

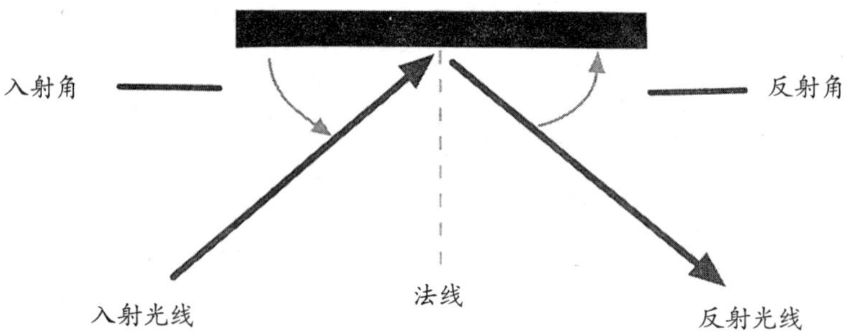

其他的效果了。像到镜子的距离就会发生变化，而且像也会比物体更大或更小。

大约在公元前300年，古希腊数学家欧几里德就著有《光学》一书，研究透视问题。

你知道吗

古代中国人会把磨光的铜镜放在门外，据说那样小偷就会看到镜中的人像而被吓跑了。但古代的其他一些镜子的用法则更为可怕。传说古希腊科学家阿基米德曾用镜子作为武器来攻击袭击西西里岛的罗马舰队。阿基米德用抛光金属制成的巨大凹面镜把阳光聚焦到敌人的船帆上，据说这些船帆都被烧毁了。

最早的灯塔

夜间航行的船总是想要找到一个可以停泊的港口。在港口很远的地方它就会看到光，指引它安全地通过港口狭窄的航道，避免触礁沉没。这种光来自灯塔，是一种沿用至今的发明。目前我们所知的最早的灯塔应该是埃及的亚历山大灯塔，它是公元前3世纪由古希腊的建筑师索斯塔图斯所设计的。灯塔是怎样发出那么强的光呢？请尝试以下的活动。

你会用到

一根火柴，一支蜡烛，一只铝制的盘子，一面镜子，一只金属碗。

动手动脑

1. 让成人助手帮你用火柴点燃蜡烛，然后滴几滴蜡烛油在铝盘上。把蜡烛放在蜡烛油上，直到蜡烛油凝固，完全托住蜡烛。
2. 熄灭房间的灯光。观察一下蜡烛照耀房间的亮度。
3. 把平面镜垂直地放在离蜡烛火焰 5 厘米的位置，镜子对房间的亮度产生了什么影响？
4. 一只手垂直拿金属碗，另一只手把蜡烛拿到金属碗前，使火焰能够靠近金属碗中心的位置。慢慢调整火焰和金属碗之间的距离，直到房间的亮度最大。金属碗对房间的亮度有什么影响？
5. 较之于蜡烛本身，有金属碗照耀下的蜡烛对房间的亮度有什么影响？你能从远处看到烛光、镜子照耀下的烛光还是金属碗照耀下的烛光？

原来如此

烛光本身并不能很好地照亮房间。当我们使用镜子之后，镜子前面的那半个房间就会变得更亮，而镜子后面的那部分房间则会变得更暗。当我们使用金属碗的时候，金属碗前方的一小片区域会变得更亮，而房间的其他部分则会变得更暗。

在没有镜子的情况下，烛光会散射到房间的各处。光线是随意而平均地分布到房间里，所以从房间的各个角落看，亮度都是相同的。如果加上一面镜子的话，照射到镜子上的光线就会产生反射，反射光会投射到房间的另外一面。这使得镜子前面的区域比没有使用镜子时变得更亮，而镜子后面的区域则会变得更暗，因为很少有光线能够到达那个区域。

抛物面反射镜的反射光

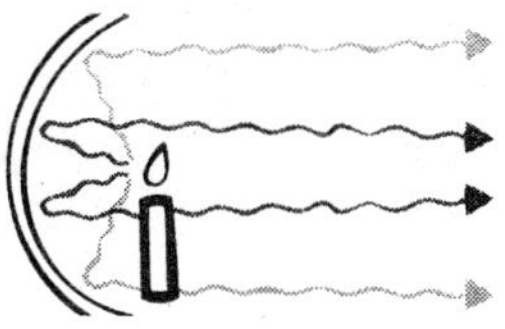

平面镜的反射光

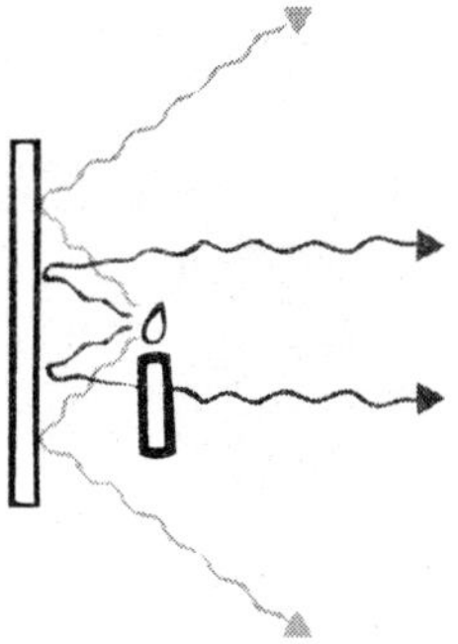

当我们使用金属碗时，你就创造了一个抛物面反射镜。抛物面反射镜能够将投射到它上面的所有光线都汇聚起来，然后朝着一个方向反射。当烛光投射到金属碗时，这些光线会以进入时的角度反射。因为金属碗是曲面的，所以反射光也会以曲线的形式朝外反射。所以金属碗的反射光要强于平面镜的反射光和蜡烛本身的光线，更容易让我们在远处看到。

抛物面反射器被广泛应用于探照灯、汽车头灯和塔灯，它们把光照汇聚使指向的地方变得更亮。

你知道吗

古代世界的七大奇迹之一是亚历山大灯塔，它高达 107 米。没有人确切地知道灯塔是如何起作用的，但有人猜测灯塔的光源是由放置在一个曲面的抛光金属镜面前的燃烧的木炭和煤所产生的。据说船只可以从 48 千米之外看到灯塔的光。大约在 14 世纪中期，灯塔毁于一场地震。亚历山大灯塔的遗址在埃及亚历山大城边的法洛斯岛上。

5 从共和国到帝国的科学

古罗马

公元前509年，罗马共和国成立，很快它就发展成了一个强大的帝国，并延续了数百年。在帝国的鼎盛时期，罗马帝国控制了北至英格兰，南到埃及，西至西班牙，东到亚美尼亚的广袤领域。古罗马文化和被它入侵的文化相互渗透。

古罗马引进和改进了包括物理和医学在内的诸多科学领域。古罗马人擅长工程学，修建了庞大的公路网，把古罗马和帝国最遥远的地方连接起来。他们修建引水渠来运水，在古罗马修建了可容纳5 000人的圆形大竞技场等大型公共活动场所。古罗马人还改进了古希腊人的一些发明，如水车和一些简单的机械装置。

要更多地了解古罗马人的发明和发现的话，让我们来尝试一下本章节的一些活动。

1 阅读石

你或许每天都看到很多人戴着眼镜。但你看到过古代人戴眼镜的雕像吗？尽管确实存在一尊这样的雕像——古希腊名医希波克拉底用放大镜来检查他的病人，这或许是最早使用变形透镜来提高成像质量的人吧。据说，罗马作家塞涅卡通过一个装满水的透明玻璃圆球来阅读书籍。公元1世纪，罗马皇帝把一个嵌有变形透镜的珠宝放在眼前，以便更清楚地看到竞技场里面的角斗。尝试以下的活动，以便更好地了解放大镜是如何起作用的。

你会用到

一张5厘米见方的蜡纸，一张报纸，一只玻璃杯，一根吸管。

动手动脑

1. 把蜡纸放在报纸上。看一下报纸上的字，你看到了什么？

2. 把玻璃杯注满水。

3. 用吸管从杯子里蘸一滴然后滴到蜡纸上。

4. 通过蜡纸上的水滴来看报纸。这一次你看到的字是怎么样的？
5. 从水滴的侧面来看，你看到了什么？

其乐无穷

尝试着改变水滴的大小。水滴的大小会影响它的放大效果吗？

原来如此

当你通过蜡纸直接看报纸的时候，报纸上的字和你看到的字一样大。当你通过水滴看同样的字时，这些字会变得更大。水滴作为透镜放大了下面的字。当你通过水滴边缘看字时，你会发现字的上端发生了弯曲。

被观察物体的变大变小取决于透镜的弯曲程度。透镜可以是一块玻璃，也可以是其他的透明物质，它所带的曲面会折射或散射穿过它的光线。因为透镜是弯曲的，穿过透镜顶部或底部的光线会比中部的光线弯曲得更厉害。所有的光线都会汇聚到我们所说的“透镜的焦点”。

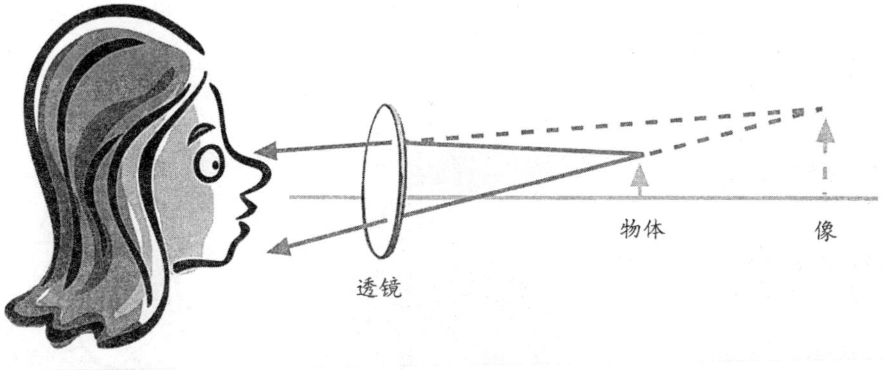

透镜可以有多种用途，如望远镜、显微镜、眼镜和隐形眼镜。

你知道吗

大约在公元1000年，“阅读石”（放大镜）被发明了。人们用一块圆弧形的玻璃来放大要阅读的文字。尽管眼镜的真正起源已经无从可考，但在13世纪末，有人已经开始戴上用4片透镜组成的眼镜了。1775年，本杰明·富兰克林在美国制造出了第一副双光眼镜（远视近视两用的眼镜）。双光眼镜的两个透镜面被分别用来看近处的物体和远处的物体。

2 聪明的剪刀

最古老的剪刀是在公元前1500年制成的，它由两片铜制的刀刃和一个弹簧组成。公元100年左右，罗马人极大地改进了剪刀的设计：他们把两片铁制或铜制的剪刀片用一个支点连接起来。这种杠杆式的设计增加了剪刀的力度，使它更容易使用。试试以下的活动，更多地了解剪刀的杠杆是如何更好地起作用的。

你会用到

一张纸，一把锋利的小刀，一把剪刀。

动手动脑

1. 让大人一手垂直拿纸，另一只手用小刀想办法把纸切成两半。小刀在割纸的时候效果如何？
2. 当大人在切纸的时候，你用剪刀把另外一张纸切成两半。剪刀剪纸的效果如何？

原来如此

用剪刀剪纸会比用刀子切纸更为容易。杠杆是一种简单机械。在力的作用下能绕着固定点转动的硬棒就是杠杆，我们称那个固定点为支点。杠杆可以更容易地搬运重物，因为它放大了施加在物体上的力。换句话说，杠杆是以巧破千斤。你可以通过把重物放在杠杆上，把支点设定在某个合适的位置来撬动重物。实际需要的力量取决于杠杆的长度和支点的位置。

剪刀也是杠杆的一种形式。你的手指在握剪刀的地方施加力，支点则是两片剪刀刃之间的接合点。在这里，杠杆并没有抬起物体，手指施加的力使刀刃合力来剪纸。

你知道吗

历史记录显示，早在公元前3000年杠杆就得到了应用。古埃及人运用一种叫桔槔（俗称“吊杆”）的反作用力杠杆从河里取水。反作用力是在杠杆的一头加重以平衡另一头。桔槔是这样一种装置：它由一根杆子组成，杆子的一头系着一块大石头作为平衡的砝码，另外一头系着绳子和桶。当水桶被放到河里取满水后，杆子另一头的石头就会让装满水的水桶更容易拉起来。桔槔至今还能在许多国家看到。

3 水车

水车对古罗马人来说是非常重要的。尽管古希腊人也用过水车，但是他们更多的是把水车看做是一种新奇的玩意儿而非实用的设备。古罗马人改进了水车，他们把水车的轮轴和传动装置连接起来，这样就能把动力传到其他的轮子上。这些转轮于是就可以转动石磨，从而把谷物碾成粉。试试以下的活动，来了解水能是如何起作用的。

你会用到

8把小塑料调羹，一只泡沫塑料小球，一把镊子或老虎钳，一只衣架，一把锉刀，一瓶胶水，两根2.5厘米长的吸管，一根绳子，一枚螺栓。

动手动脑

1. 把塑料调羹尖锐的一端插到泡沫塑料小球里。你要把小球假想成一个地球，然后这些调羹应该均匀地分布在“赤道”上。调羹的凹处都应该朝同一个方向。
2. 让大人帮你用镊子或者老虎钳从衣架上切割下一段45厘米长的铁线。这根铁线就可以作为地轴。
3. 把铁线穿过小球的北极，然后从南极穿出。这样你就做好了一架“水车”。用胶水把铁线和小球黏牢。
4. 把两段塑料吸管分别套进铁线的两端。要检验装置制作是否成功，那么就拿住吸管，然后朝调羹吹气。如果装置起作用的话，那么调羹应该会旋转然后带动“水车”。

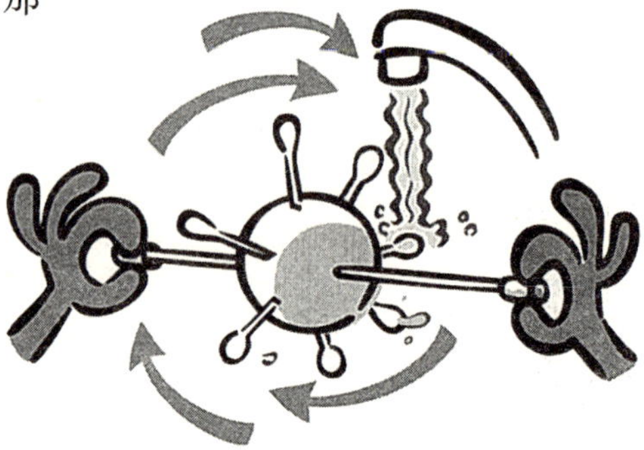

5. 双手分别握住吸管的两端，把“水车”放在水龙头下让水流直接冲刷。发生了什么？
6. 在吸管和小球之间的铁线的一端系上一根30厘米长的绳子，绳子的另外一端系上一枚螺栓。
7. 再次把你的“水车”放在水龙头下让自来水冲刷。这次又发生了什么？

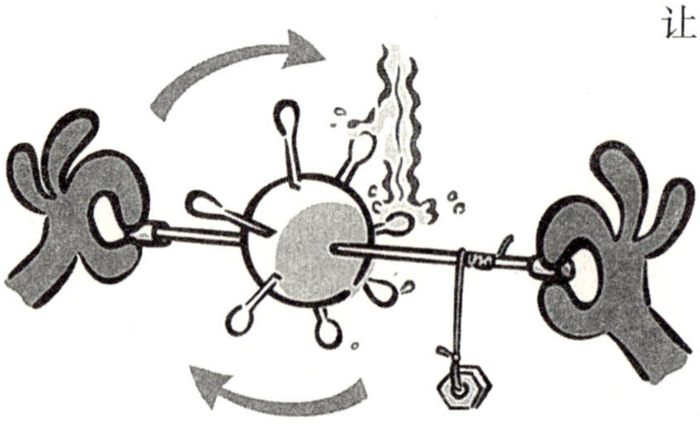

其乐无穷

想更多的办法让你的水车工作。比如说在铁线的一端系上一个让石磨起作用的轮子。转动的石磨是如何把谷物磨成粉的？

原来如此

当水流冲刷塑料调羹时，它让泡沫塑料小球发生了转动。转动的小球又带动了铁线的转动，从而让绳子不断缠绕在铁线上。在绳子缠绕的过程中，螺栓就被拉起来了。

这是一个能量转换的例子。在能量转换的过程中，一种形式的能量转换成了另外一种形式的能量。在上面的实验中，流水的势能引起了小球的转动。转动的小球又引起了铁线的转动，使绳子缠绕到铁线上。这种能量的转换最终拉起了螺栓。

这个实验表现了驱动石磨的古代水车的原理。水车通常都建在大河上。人们修建大坝来阻断水流，被阻断的水流就形成了一个蓄水湖，

你知道吗

到1086年的时候，英国差不多有超过5 000个水车驱动的磨坊。之后，水流的势能被用于各个方面。1880年，北美的第一座水电站在纽约州的尼亚加拉瀑布建成。今天，我们获得的大部分的水电能量都来自下落水流所产生的势能。在水电厂有一种称为涡轮的特殊水车，是它驱动了发电机产生了电。

我们称之为水库。当我们需要用能量来驱动水车的时候，我们就让水库里的水经由一个管道流出来冲刷水车。在古代，在用水车驱动的磨坊中，水车是和一块驱动另一块磨石的大石头连在一起的。谷物放在两块石头中间，随着石磨的转动就可以把谷物碾成粉了。

4 更结实的拱桥

人们最早或许是用那些倒下的树干来作为跨越河流的桥梁。我们称一端连接陆地或码头的原木或大梁为梁木。但罗马人发展了一种更为结实的拱桥，它比梁桥跨越的距离更长。试试以下的活动来看看拱桥为何比梁桥更具支撑力。

你会用到

两片薄硬纸板（每片长 45 厘米、宽 15 厘米），一把剪刀，几本书，一把尺子，几个塑料小玩具。

动手动脑

1. 把一块硬纸板剪成 30 厘米长。
2. 堆起两堆书，每堆书的高度是 15 厘米，书堆之间的距离为 20 厘米。
3. 把较短的那块纸板放在两堆书的中间，这样就在两堆书中间架起了一座“桥”。
4. 在硬纸板的中间放上一个塑料小玩具。你的“桥”能够承受塑料玩具的重量吗？
5. 继续增加玩具的数量。看看你的“桥”能够承受几个玩具？
6. 弯曲较长的那块纸板，然后把它放在两堆书之间形成圆拱。纸板的两端应该碰到两排书的底部，纸板的拱顶则应该和书堆的高度相同。你或许需要调整两排书的位置来放置这个圆拱。
7. 把较短的那块纸板放在书和圆拱之上。

8. 再次把塑料玩具放在纸板的中央。你的“桥”能够承受玩具的重量吗？继续增加玩具的数量。这个结构能够承受多少玩具的重量？

其乐无穷

用不同长度和厚度的纸板来制作圆拱。你是否能做出一个最能承重的结构呢？

原来如此

直接放在两排书中间的那块纸板只能承受几个塑料玩具的压力，然后就会倒塌。在纸板下放上圆拱之后，这个结构可以承受更多的重量。

最重要的建筑发明应该是梁柱结构，在这个结构中，两根直立的柱子支撑着一根水平的横梁。这有点类似于梁桥，只不过梁桥的两边是由陆地来支撑的。石梁和木梁在受到挤压的时候是很牢固的，但是当它们受到拉力的时候则会变得很脆弱，很容易断裂。

古罗马人用拱形结构解决了这一问题。当重物压在圆拱上时，组成圆拱的石头受到了挤压而不是拉伸，这样石制的结构就会变得更为牢固。

你知道吗

古罗马人制造了最为神奇的拱形结构式引水渠。这些引水渠让水流穿越峡谷，到达遍及罗马帝国的各个城市。水流通过下方有多个圆拱支撑的多个水道。罗马时期最长的引水渠当属北非突尼斯的迦太基引水渠。它长 141 千米，每天可输送 3 180 万升的水，足够装满 20 万个浴缸。当引水渠要穿越峡谷的时候，就需要建造一些圆拱来加强支撑了。

5 更牢固的材料

我们知道，古罗马人修建了引水渠把水从山上的水源地输送到需要用水的各个角落。水本身很重，他们需要修建牢固的水渠来承受水的重量。拱形结构是一种结实的结构，但古罗马人还发明了更为牢固的建筑材料。他们首先把石灰、一种特殊的火山灰、岩石碎块或沙子以及水混合在一起，使混凝土变得更结实。混凝土本身就很结实，但古罗马人找到了一种让它变得更结实的办法。让我们试试以下的活动来了解其中的缘由。

你会用到

一支毡笔，一块干净而干燥的海绵，几本书，一只小罐子，一粒弹珠，3 根竹签。

动手动脑

1. 用毡笔沿着海绵的边缘每隔 0.6 厘米画上一条线。
2. 把海绵的两端搁在两堆书的边缘。把小罐子放在海绵的中间。然后往罐子里加弹珠以测试海绵的承重力。发生了什么？海绵边缘的线条有什么变化？
3. 把两根竹签穿过海绵中间，然后还是放在两堆书上。
4. 把罐子放在海绵的中间，然后往罐子里加弹珠来测试海绵的承重力。这次又发生了什么？

原来如此

当弹珠放入压在海绵上的罐子里时，海绵会发生弯曲。海绵顶部的线条因为受到压力的影响而变短，而底部的线条则在拉力的作用下变长。当竹签插入海绵之后，海绵在承重的情况下也不会发生变化，海绵上下的线条也不会发生变化。

这个实验向我们展示了一种增强建筑材料强度的方法，我们称之为钢筋混凝土。这种结构的设计是为了让施加在结构之上的力（承重力或风力之类的作用力）能够直接穿过这个结构而消失在地面。有两种基本的办法可以达到这个目的：推和拉。因为在压力和拉力的作用

下，建筑材料不是拉伸，就是挤压。例如，当你拉橡皮筋的时候，它在拉力之下变得更长。因为建筑材料比橡皮筋或海绵牢固得多，所以它们在压力或拉力之下的变形在肉眼看来并不是那么明显，但这些情况却总是在发生。

因为所有的建筑作用力都包括拉力和压力，因此所有的建筑材料都必须有足够牢固以经受这两种力的考验。不同的建筑材料有不同的抗压性或者抗拉性。混凝土抗压，青铜和其他金属材料抗拉。如果把混凝土的抗压性和青铜的抗拉性结合起来，譬如现代的钢铁，我们就得到了钢筋混凝土，它有诸多的实用性。

水泥实际上是混凝土的一部分，尽管很多人把混凝土、水泥和灰浆混为一谈。水泥实际上是把石灰粉和黏土粉混合在一起放在窑里加热而成的。混凝土是水泥、沙子和水的混合物。混凝土如果加上岩石的话会更坚固，我们称之为混凝土骨料。当混凝土凝固之后，它会变得非常结实，像石头一样坚硬。灰浆则是由水泥、沙子、石灰和水混合而成的。灰浆没有混凝土那么结实，但是它会增加混合物的黏性，使其他的石材更好地黏合在一起。

你知道吗

最早的钢筋混凝土结构的建筑是两千多年前的一座古罗马墓的大梁。大梁用铜条进行了加固。这一同样的建筑技术还在古罗马其他的建筑如高架引水渠中得到运用。现代的钢筋混凝土技术是19世纪50年代法国人发明的。

6 来自东方的科学

古中国

中国文明大体上是在和世界各地孤立的情况下发展的，因为中国在地理上被山脉、沙漠和海洋阻隔。最早的中国人在12000年前居住在黄河流域边的肥沃土地上。到公元前4700年，他们种植稻米和其他的谷类植物。到公元前1500年，他们已经掌握了制铜的技术。在接下来的一千年里，他们掌握了新的科学技术，比如在高温的窑子里炼铁和制陶。

古时候的中国人研究天文学。天文学是研究天体运动和结构的科学。他们也研究化学，就是研究物质本身的科学。中国人也给世界带来了重大的发明，比如造纸，火药。当意大利探险家马可 · 波罗在13世纪来到东方，到达北京时，他发现了一个他在西方从来没有见过的富丽堂皇的充满神奇的城市。

要了解更多关于古中国的发现，请试试这个章节的活动。

1 最早的风筝

人们自古以来就迷恋飞行，并且尝试了很多的方法来克服地球重力。风筝的出现意味着人类在空中翱翔的最初的成功。最早的风筝是在公元前1080年由中国人发明的。在这个活动里，自制一个特别的风筝，叫做雪橇风筝，亲手体会一下风筝的魔力。

你会用到

一只塑料垃圾袋（尺寸至少为60厘米 ×75厘米），一卷胶带，一把剪刀，两根木钉（60厘米长，直径为3毫米），一把直尺，一支记号笔，一根绳子。

动手动脑

1. 把塑料袋在一张大桌子上放平，剪出一个宽60厘米、长75厘米的长方形。把这个长方形塑料平放在你面前，长的两边作为上边和下边。

2. 在底边上从交角处各量出 15 厘米，用记号笔做上记号。再在上边从交角处各量出 15 厘米，用记号笔做上记号。

3. 沿着两条侧边，从上交角处各量出 20 厘米，做上记号。用直尺在每条边的 15 厘米和 20 厘米的标记处连线。

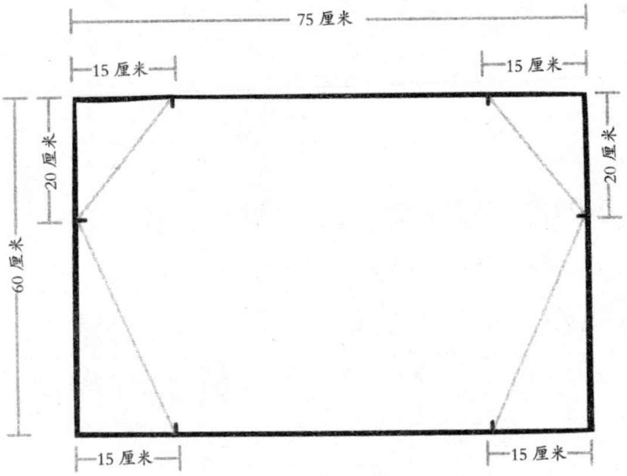

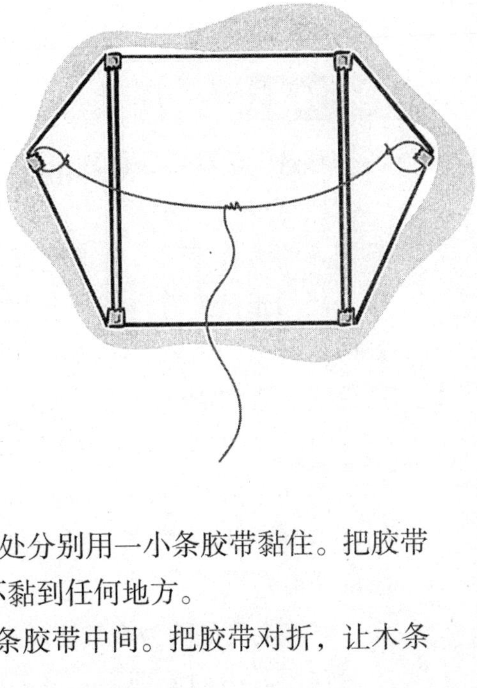

4. 把这个六边形的塑料剪下来。

5. 在上下两条边画 15 厘米的标记处分别用一小条胶带黏住。把胶带的一半黏到塑料上，另外一半不黏到任何地方。

6. 把木条垂直地放在上下边的两条胶带中间。把胶带对折，让木条牢牢地黏在塑料上。

7. 再把两片胶带黏的一面朝上，放在两边 20 厘米的标记处。再次把胶带黏在塑料的一半处，另一半是没有黏连的。

8. 剪一根 2.2 米长的绳子。把绳子的两端放在暴露的胶带上，留下足够的长度可以在两头打结。把胶带对折，确保绳子黏在塑料上。绕着胶带打个结。

9. 用绳子提起风筝，找到绳子的中点。你应该很轻易就能把风筝对折。在绳子的中间处打个结。

10. 把剩余绳子的一头系在绳结上。你的风筝就可以起飞啦！

其乐无穷

你可以用报纸和其他的材料来做风筝。风筝是怎么样起作用的？你能设计一个飞得更高的风筝吗？

原来如此

在这个活动中，你制作的风筝即使在很轻微的风里也能飞行。

风筝发明于中国，至今已有近两千年的历史。传说风筝的发明人是刘邦的大将韩信。他把楚国军队困在垓下时，他制造了风筝，叫身材轻巧的张良坐着风筝，飞上天空，高唱楚歌，使歌声顺风传送到远处的楚营里，是为“四面楚歌”。风筝最初是为了军事需要而发明的。从汉朝一直到唐朝，风筝都是军用品。尔后风筝的用途才从军用逐渐转到游戏、娱乐上来。风筝在本质上是一种重于空气的飞行器，它是利用空气动力升空的原始飞行器，其飞行原理和现代飞机相似。它大约在 14 世纪传入欧洲，对飞机的发明有重要影响。可以说风筝是现代飞机的祖先。

风筝会飞是因为空气流动。一个名叫丹尼尔 · 伯努利的人在 1700 年发现了其中的原理。伯努利原理认为：当空气流动时，速度越大，气压越小；速度越小，气压则越大。因为风筝的特殊形状，吹过风筝头部的风速就大，使风筝上方的气压小。风筝下方的风速小，气压大。所以风筝就被下方更大的空气阻力推上了空中。

你做的风筝是雪橇风筝。这种风筝的设计很独特，它能稳定地飞行。两边的木条和长吊绳（把风筝一头系在另一头的绳子）创造了大片区域，使风筝暴露在空气中。这种设计使得风筝能够保持向上的姿势，即使在很弱的微风中也能飞行。

你知道吗

荷兰人于 1600 年把风筝带到了欧洲。19 世纪早期，一名英国教师用风筝拉动一辆装有 4 人的轻马车以每小时 32 千米的速度前进。风筝也应用在有人驾驶的飞行实验里。其中值得一提的是盒子风筝，由澳大利亚人劳伦斯 · 哈格雷夫在 1893 年发明。它的形状激发了莱特兄弟和其他飞行先驱对飞机的设计灵感。

2 火药的发明

火药是中国人发明的，距今已有一千多年了。火药是由古代炼丹家发明的。在古代，帝王贵族们想长生不老，驱使一些方士道士炼“仙丹”，在炼制过程中逐渐发明了火药。我们不希望你拿真正的火药来做实验，但是你还是可以从下面这个活动中了解更多关于化学反应的知识。

你会用到

一副安全眼镜，一张报纸，一颗 Alka-Seltzer 消食片，一个带盖子的塑料薄膜小圆筒。

动手动脑

1. 戴上安全眼镜。用报纸把你的桌子和工作区域盖住。
2. 在塑料薄膜圆筒里装半筒水。
3. 把消食片分成 4 小片。把一片放在水中。不要在圆筒上盖东西。请观察当消食片接触到水时的反应。

4. 把圆筒的东西倒掉，重新装入干净的水。

5. 把另一片消食片放入水里。快速地牢牢地把圆筒盖上盖子。把“上了膛”的圆筒垂直放在离你起码有1米远的地方。看看会发生什么呢？

其乐无穷

做个实验看看你能不能让圆筒的盖子飞到高空。你可以试试用不同量的水或者不同数量的消食片。

原来如此

当你第一次把消食片放入圆筒的水里时，会有泡泡出现。当你把消食片放到水里并且盖上盖子时，不一会儿盖子就会自动飞到空中。

这就是一个会产生爆炸效果的化学反应的例子。在化学反应中，物质会分解，产生一种或者多种物质，这样物质本身就发生了变化。消食片里含有一种叫做碳酸氢盐的物质。当你把碳酸氢盐和水混合时，二氧化碳气体就产生了。当你把圆筒的盖子盖上时，二氧化碳气体就被挡在了圆筒里。圆筒里气压不断增大，最后大到能把圆筒的盖子蹦出来。

中国人发明的焰火就是使用了火药来进行化学反应的。火药是一种由硫磺、木炭和硝酸钾混合而成的黑色混合物。现代的焰火则使用了不同的化学物质，而且实际上涉及了两种化学反应。第一种反应是发生在管子的底部，使得焰火球能飞到空中（这个过程和飞到空中的圆筒盖子的原理相似）。一旦焰火球飞到空中就会发生第二种化学反应，使得焰火球发生爆炸。爆炸开来的焰火球的形状颜色各一，是由于焰火球的形状不一样，而且由于加入爆炸混合物的化学元素不一样。

你知道吗

到公元10世纪，中国人进一步改善了火药的爆炸力，并发明了枪、火箭、炸药和地雷。中国的军队最早在战争中使用枪支和火箭。早在13世纪早期，他们在开封战争中使用枪支和火箭来对付入侵的蒙古人。战后，蒙古人也开始制造火药和火箭。人们认为是蒙古人把火药带到了欧洲。

3 纸张的发明

古代的人类在很多的东西上写字，比如莎草纸（埃及的一种芦苇），羊皮纸，甚至树皮。但是，中国人在公元前100年的时候首先发明了我们现今所用的纸。那么纸是什么？它是怎样制成的？我们可以通过下面这个活动以来找到答案。

你会用到

一张废纸，一块海绵，一只篮子，一块22厘米见方的正方形纸板，一把剪刀，一台食品搅拌机，一只塑料盆，一片20厘米见方的正方形过滤网，两条旧毛巾，一卷管道胶带。

注意：在使用搅拌机前一定要征得大人的同意。

动手动脑

1. 把废纸撕成多个边长为2.5厘米的正方形。你需要5张巴掌大的正方形纸片。

2. 把纸放进篮子里，加温水直到温水盖住了纸张。让纸在水里浸一个小时，再把水倒掉，并再次加入新鲜的温水，确保水没过了纸张。让纸张在水里再浸一个小时直到纸张变得湿透为止。

3. 在搅拌机里装进一半的水。用手在篮子里抓一把湿透的纸，然后把搅拌机的动力调到最低档，让其开始低速运转几分钟。

4. 在塑料盆里装半盆的水。把搅拌机混合好的纸浆倒进盆里。

5. 重复步骤3~4，直到湿透的纸完全混淆为止。

6. 把一条旧毛巾弄湿，把毛巾放在塑料盆边的桌子上。

7. 在纸板上剪一个边长为 17.5 厘米的正方形孔。把过滤网放在纸板上面，并用胶带黏上。

8. 在塑料盆里搅拌纸浆，直到其混合均匀为止。

9. 把过滤网反过来拿，并把它放进纸浆里。然后把过滤网垂直拿起，使其上面附有一层混合过的纸浆。

10. 把过滤网放在塑料盆的上方直到没有水往下滴。

11. 把过滤网的上方朝下放在毛巾上。拿起过滤网的一角，把上面的一层纸从过滤网上剥下来。

12. 在那层纸上放一块干毛巾，轻轻地按以吸收更多的水分。

13. 把这层纸放在一旁，晾一个晚上。

14. 不断地按上述步骤造纸，直到纸浆全部用完为止。

注意：不要把纸浆倒入下水道！把纸浆放在一块布上，用力地拧掉水分，然后把剩下的残渣丢进垃圾桶里。

其乐无穷

如果要制作更厚或者更薄的纸张，或者再加入一些棉布、有颜色的植物到纸浆中，这对你制作的纸张会产生什么影响呢？

原来如此

你可以通过混合旧纸张和水制作出一张很厚的纸。在“其乐无穷”里，你可以做出不同材质和颜色的纸。

在这个活动中，你的造纸程序和古代的中国人一样，除了你是利用旧纸张外，古代的中国人是用树皮和破衣物为材料。现代的造纸公司大部分是用树木来造纸的。树木和所有生物一样都是由细胞构成的。这些细胞都有一种特殊的物质包围，形成了细胞壁。树木的细胞壁都是由纤长的纤维构成的。说它们特殊是因为它们可以吸收水分。这样就使得纤维可以紧紧黏合在一起。我们可以在棉花里面找到类似的纤维。棉花也可以用来生产纸张。

当你把纸张放进搅拌机的时候，不仅把纸张搅碎，还使得水和纤维聚合在一起。当你拿起过滤网的时候，你就在表面做了一层纸。当水分滤干的时候，纤维由于其粗糙的边缘而更为紧密地黏连在一起。纤维越长，纸张的质量就越好。

你知道吗

公元 105 年，蔡伦总结前人经验，改进了造纸术，以树皮、麻头、破布、旧渔网等为原料造纸。蔡伦被称为“造纸之父”。

在 751 年，在中亚发生的一场阿拉伯和中国军队的战争中，阿拉伯人抓走了两位中国的造纸匠。两位造纸匠把造纸的秘密告诉了阿拉伯人。到 12 世纪的时候，阿拉伯的商人在西班牙开了第一家欧洲的造纸作坊。

4 最早的冰激凌

我们不是唯一喜欢在夏天吃冷饮的人。不论是公元前 400 年的亚历山大大帝，还是古罗马皇帝尼禄，都曾派奴隶去深山找寻冰雪，这样他们才能吃到我们今天称之为“冰激凌”的东西——就是用冰块和雪混合水果泥和果汁，最后加上蜂蜜使其味道甜美。在中国的唐朝（公元 618~907 年），人们也做过类似的冰激凌。他们用奶牛、山羊和水牛的奶冰冻，然后加入香料，再加入面粉使其浓稠。试试下面这个游戏，来制作自己的冰激凌。

你会用到

1/2 杯（12 5毫升）的牛奶，一些冰块，1 小匙（5 毫升）的糖，1 小匙的盐，1/2 小匙（2.5 毫升）的香草，一条毛巾，一只小塑封袋，一把汤匙，一只大塑封袋。

动手动脑

1. 把牛奶、糖和香草倒入小塑封袋里。把袋子中的空气挤掉，把袋口封好。
2. 在大塑封袋里装入半袋冰块。往冰块里加盐。
3. 把小袋子装入有冰块的大袋子里。
4. 把大袋子封好，再把里面的空气挤掉。
5. 用毛巾把大袋子包起来。和你的助手轮流，晃动和搓滚包有袋子的毛巾大约 20 分钟。
6. 把大袋子打开，取出小袋子。看看牛奶发生了什么变化？尝一尝，混合物是什么味道呢？

其乐无穷

可以试试在袋子里装不同的混合物。可以用味重的奶油，或者让混合物的比例为1∶1。可以加入巧克力糖浆或者在混合物里加入小片的新鲜水果。你能做出来的冰激凌的最好的口味是什么样的呢？

原来如此

20分钟后，混合物会开始凝固，这样你就有了一个较为简单的冰激凌了。冰激凌的口味来自牛奶、糖和香草或者你加入的食物。冰冻的东西来自袋子外面的冰和盐的混合物。纯净水的冰点是0℃。但这个温度不足以低到把牛奶冰冻住并把混合物变成冰激凌。但是在冰里面加入盐，你就降低了冰点。冰的温度可以降到零下5℃到零下10℃之间，这取决于加入的盐的多少。这个温度足够低到把牛奶冻住，这样冰激凌就做好了。

你知道吗

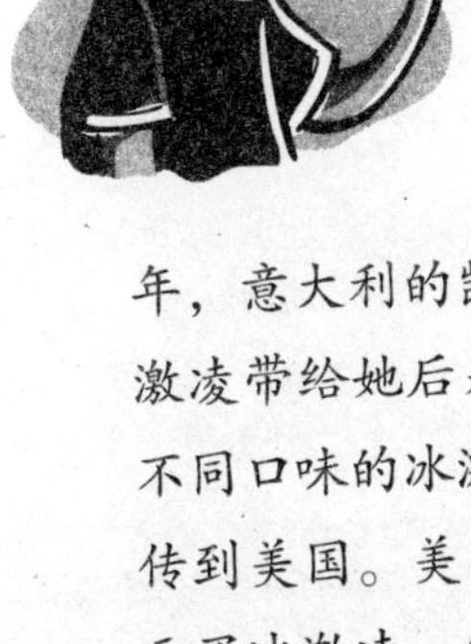

据说意大利探险家马可·波罗在13世纪从中国旅行回去后把制作冰激凌的配方带回了家。这可能只是个传说而已。我们现在知道最早在意大利做成的冰激凌大概就是在13世纪发明的，而且很快就受到人们的欢迎，并且到处传播开来。在1533年，意大利的凯瑟琳·德美地奇在结婚的时候来到法国宫廷，把冰激凌带给她后来成为亨利二世的丈夫。她的意大利厨师们做了34种不同口味的冰激凌。从这里冰激凌的做法开始在欧洲传播开来，后来传到美国。美国第一任总统乔治·华盛顿在两个月内就花了200美元买冰激凌。但是，历史并没有告诉我们他最喜欢的口味是什么！

5 指南针的发明

1060年中国就有指南针的记录了。中国人发现用铁针和磁铁石（一种天然带有磁性的铁矿石）摩擦，铁针就会被磁化，而且总是指向北面。指南针的磁针总是和地球的南北极一致的，因为地球本身就是一块大磁铁。这里我们可以学习如何做一个和古代中国人设计出的指南针。

你会用到

一只泡沫塑料盘，一块吸附力强的磁铁，一把剪刀，一只碗，一枚缝纫针。

注意：在使用缝纫针的时候要小心，不要扎到手。

动手动脑

1. 从泡沫塑料盆里剪下一块直径为2厘米的圆盘。
2. 把缝纫针和吸附力强的磁铁摩擦30~40下，这样缝纫针就带有了磁性。摩擦的时候要选择同一个方向摩擦。如果一根针能吸引另外一根针，那么你就可以断定这根缝纫针是被磁化了。
3. 把缝纫针纵向穿过泡沫塑料盘。
4. 把这只盘子放在一碗水里。看看会发生什么？

其乐无穷

用一个真罗盘来判断方向。碗里的针会指向哪个方向呢？在胶带上分别写下N（北），S（南），E（东）和W（西），然后把它们分别贴在碗的正确方向上。当针最终指向北面的时候，那么针和地球的磁场就吻合了。

原来如此

针会指向地球的北极磁场。

磁性是一种使得某些物体吸引或者排斥其他物体的能量形式。所有的磁性都是由于电子的移动引起的。在永久性的磁铁中，电子围着原子核旋转就产生了磁性作用。尽管所有的物质都是电子围着原子核运转，但是在磁性的物体中，所有的原子呈直线排列，这样它们都指向一个方向。通过把一根不带磁性的针和一块磁铁摩擦，你可以使得针的原子也指向同一个方向呈直线排列，这样针就有磁性了。

由于地心的熔浆运动使得地球形成一个巨大的磁场。这个磁场可以在地球表面用其他的磁铁得以发现。罗盘的指针方向会自动地和地球的磁场方向保持一致。

你知道吗

中国人不断地改良磁罗盘。最早的是乌龟罗盘。这是一种木质的乌龟，在其腹部上装有一块磁铁石，在其尾巴处装入一根铁针来平衡磁铁石。如果把乌龟放在一根削尖的竹子上并达到平衡的话，针会指向北面。第一个液体罗盘则是用一根磁铁做成鱼的形状，浮在一碗水上面。中国人开始尝试使用不同的金属，发现铁和碳混合可以变成钢。钢比铁更牢固，而且带的磁性时间也很长。随着用来航海用的盒装罗盘的发展，进一步改进的罗盘也诞生了。13 世纪早期，中国的船员在磁罗盘的帮助下扬帆远航。

6 算盘

当你要做数学计算的时候，你可能会用到计算器。但是在计算器发明之前，人们使用其他的工具来帮助算数。最古老的存留下来的数数板是在公元前 300 年由古巴比伦人使用的对数表。我们也有古希腊人和古罗马人使用过的算数板。算数板是当贸易往来开始的时候，人们用它来记录已经数过的物品数，对人们帮助很大。但是要算谁发明了最好的算数工具，当属中国人了。它就是算盘。试试下面的游戏，来学习算盘是如何使用的。

你会用到

一副算盘。

动手动脑

1. 了解算盘的结构。

2. 试着用算盘进行计数和运算。

原来如此

你可以用算盘来计数和计算。你需要不断操练才能熟练。

数数板和算盘的区别在于数数板就是一块带有沟槽或者在珠子、鹅卵石和金属盘之间画有线条使珠子、鹅卵石和金属盘可以移动的木板、石板或者金属板。算盘一般是由木头做成的。里面有可以自由移动珠子的杆子。它们就可以如同上面的活动那样记数。

最常见的中国算盘有 13 根竖条（档），每根上面有 7 颗珠子。这些串起来的珠子放在一个四方形的框架上。在框架里有一根水平的分割条（梁），这样串起来的珠子就分成两个部分。在分隔条上方的两颗珠子称为上珠，在分隔条下方的 5 颗珠子称为下珠。

要知道珠子代表的数，只要看一下珠子的数量和位置。下面的算盘的读数为 5 602。

算盘可以进行加减乘除，甚至可以进行包括分数和平方根在内的复杂数学问题的运算。算盘在整个中世纪被人们广泛使用，今天在很多亚洲国家还依旧被使用着。

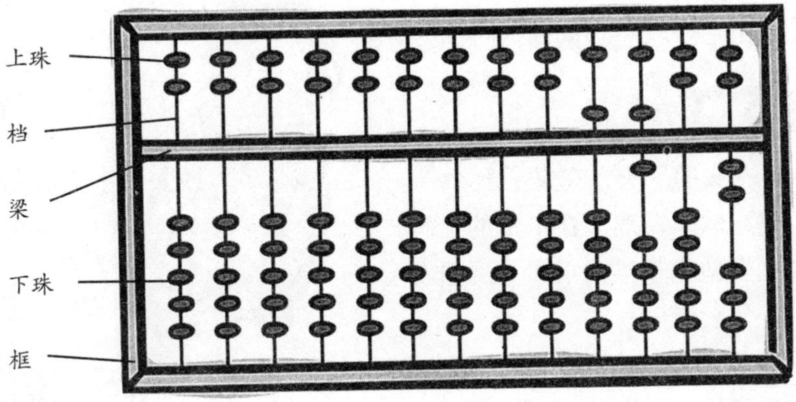

你知道吗

中国算盘在发明后被带到了其他国家。我们还有日本和俄罗斯版本的算盘，和珠子算数板类似。近来的考古挖掘发现了一个公元 900 年的美索不达米亚阿兹特克的算盘。记分圆盘是将玉米仁用细绳穿起来放在木框里做成的。

7 地动仪

古代人不知道发生地震的原因，但是他们知道地震会造成巨大的破坏。最早用来监测地震的仪器是在公元 130 年由张衡发明的候风地动仪。他的发明可以发现地震，并从当时中国的首都洛阳指出发生地震的方向。试试下面的活动，学习张衡的发明是如何起作用的。

你会用到

一块5厘米 ×10厘米 ×30厘米大小的木头，一粒网球，一张桌子。

动手动脑

1. 把木头的一头立在桌子上。
2. 把网球平衡地放在木头的上头。
3. 轻轻地用手晃动桌面。网球发生了什么变化?
4. 用你的拳头击打桌面。网球又发生了什么变化?

其乐无穷

再做一个能够探测和记录桌子运动的装置。

原来如此

当你轻轻地击打桌面，网球还是会平衡地立在木头的上端。但是当你用拳头击打桌面时，球会从木头上掉下来。当你用足够大的力量击打桌子时，木头本身也会倾倒。

在整个活动中，你发明了一个地震探测仪。当地球外层的岩石忽然沿着地球表面称之为断层的裂缝移动时，地震就发生了。岩石可以沿垂直、水平或者两种方向移动。有大量岩石运动的断层地带就是地震的中心。震中是位于中心上面的地带。

当地震波到达一定距离的时候，会形成两个阶段。第一个阶段是纵波(P波)。纵波使得岩石前后移动,因此纵波沿着地球的表面快速地移动。一段时间过后，横波（S波）到来。横波使得岩石上下移动，比纵波移动得更慢。

张衡最初发明的地动仪是一个巨大的铜罐子，直径长达2米。当地震波波及罐子时，一个铜球就会从罐子外面雕刻的6条龙中的一条龙的口中掉出来。人们就可以知道地震发生的方向。

你知道吗

今天的科学家们用地震仪来监测和测量地震。地震仪是一种记录地震的强度和时长的仪器。它包括一支附在弹簧上的笔，用来在旋转的鼓上做记录。当地震来临时，笔会在鼓面上下移动，留下地震的记录。尽管我们可以在地震来临时用地震仪监测地震，可是我们还是没有办法预测地震的发生。

7 来自美洲的科学

阿兹特克文明、玛雅文明和北美印第安文明

当中东、非洲、欧洲和亚洲的文明经历着繁荣和衰落的时候，北美和南美的文明也经历着各自的发展。尽管我们并不知道这些人是如何到达美洲大陆的，但大多数人相信他们是在公元前 12000 年左右从俄罗斯东北部穿过白令海峡——当时的白令海峡或者是一座大陆桥，或者是连接两个洲的冰冻带——迁移到亚洲的。他们不断迁移，直到最后分布到北美和南美的各个地方。

数千年以来，北美人和南美人同世界其他地区的人并没有联系。当西班牙的征服者刚刚踏上中美和南美的时候，他们发现了黄金、白银，并为当地的玛雅人、阿兹特克人和印加人（南美一个印第安部落的人）所建造的城市、庙宇、公路和运河感到惊诧。古代的美洲文明对包括天文学、农学和数学在内的多个学科进行了探索。

1 雪镜

当一些史前的人类穿过今天的阿拉斯加往南进入美国和墨西哥的时候，另外一些人则待在最北部。在公元 1000 年左右，温暖的气候打开了波佛特海的冰层，从阿拉斯加来的人跟随着弓头鲸——他们主要的食物来源——向东迁徙。一些人定居在了拉布拉多和格陵兰岛，并开创了图勒文明。图勒文明的创造者是因纽特人的先祖，他们发展了一种特殊的技术来应对北极的生活。尝试以下的活动，来了解图勒人用来保护眼睛的物品。

你会用到

一张大张的白纸，一块薄纸板，一支铅笔，一把剪刀。

动手动脑

1. 面对太阳，垂直地把白纸放在脸部前方，白纸下方正好到达下巴。笔直往前看（注意：不要直视太阳），你看到了什么？

2. 回到房间内，把硬纸板放在桌子上。画两个连在一起的椭圆形，这样就在硬纸板上形成了一副“太阳眼镜”。

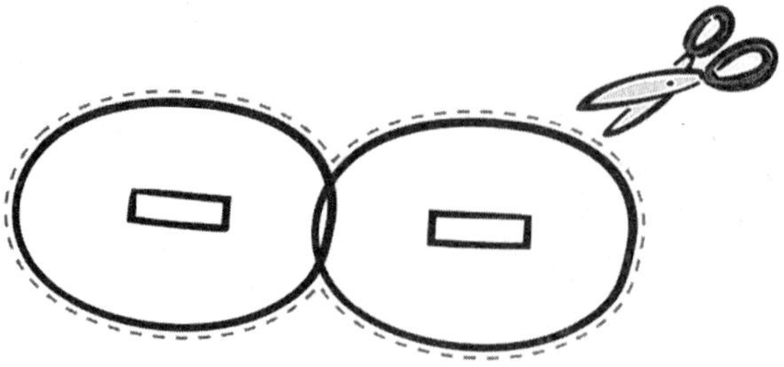

3. 在每个椭圆的正中挖一个 2.5 厘米 ×0.6 厘米的横槽。
4. 用剪刀从硬纸板上剪下“太阳眼镜”。
5. 再次回到太阳下，一只手水平地握着白纸，一直放到下巴下方。这次用“太阳眼镜”遮住你的眼睛，你的眼睛正好通过横槽来回往外看。这次你看到了什么？

原来如此

当你把“太阳眼镜”放在眼睛前面的时候，太阳光看起来就没有那么强烈了。

虹膜是环绕在我们眼睛瞳孔周围的圆形细胞膜。我们的眼睛通过张开或关闭虹膜来调节进入眼睛的光量。进入眼睛的光线聚焦在视网膜。视网膜是一种处于眼睛后方的对光线敏感的细胞膜。当光线较为强烈的时候，虹膜就会收缩，只使一小束光线穿透瞳孔，进入眼睛；当进入黑暗环境中，虹膜就会往后退缩，使瞳孔变大，让更多的光线进入眼睛。如果虹膜让太多的光线进入眼睛的话，那么就会损坏视网膜，导致失明。

当地面上有积雪的时候，太阳光不仅会直接进入你的眼睛，而且还会通过雪地的反射间接地进入你的眼睛。虹膜无法让瞳孔足够地缩小，以阻止过多的光线进入。如果你长时间地看着雪地，那么最终会产生雪盲，让你暂时失明或者对眼睛造成永久性的损伤。在这个活动中，“太阳眼镜”的横槽阻挡了从白纸反射的过多光线，同样，它们也能阻挡从雪地反射的过多光线。

图勒人制作了同我们实验中类似的带横槽的雪镜，以保护他们的眼睛不受到雪盲的侵害。雪镜是由一对鹿角和动物的筋腱组成的。

你知道吗

除了雪镜之外，因纽特人还发明了其他的一些技术来帮助他们抵御严寒。他们的房子要经过一个长长的隧道，房子在中心部分陷入地面。这个凹陷的部分可以阻止冷空气进入房间，因为冷空气的密度要大于暖空气，这样他们就可以舒适地在盖着皮毛的石床上休息了。他们还发明了皮划艇，这样他们就可以穿越充满冰块的狭窄水面了。

2 桦树皮独木舟

大家都认为最早来到美洲大陆的人穿过白令海峡，然后分布到美洲各地，形成了不同的聚居点。现在我们称这些人为美洲印第安人，但每一个不同的团体都形成了他们自己的语言、习俗和文化。美国东北部和大湖区的印第安人发明了用桦树皮制造的独木舟。这些独木舟可以很轻便地在狭窄的河流通行，而且很轻便，在陆地上也很容易携带。尝试以下的活动，来了解一下如何制作简易的桦树皮独木舟。

你会用到

一块 15 厘米 ×20 厘米大小的桦树皮（可以去工艺品商店购买），一支铅笔，一把剪刀，一把大线锯，一瓶防水的胶水。

动手动脑

1. 把桦树皮浸泡在水中，直到它变软。木质部分不要有任何破损。

2. 按右图所示，在桦树皮上画线。

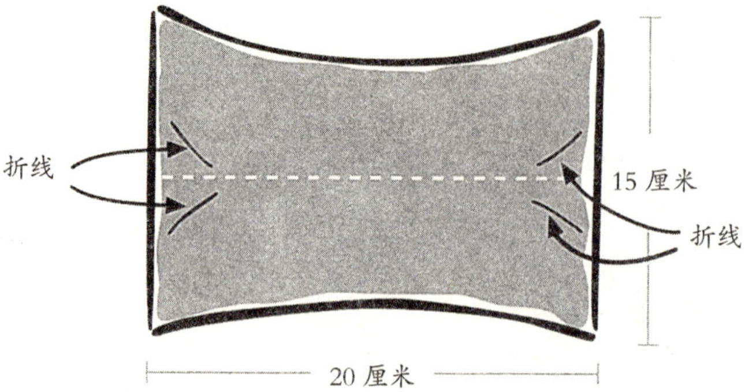

3. 用剪刀剪开桦树皮。剪桦树皮表面的小口子时要小心一些。

4. 把桦树皮按照较短的边折成两半，注意不要弄皱树皮的表面。

5. 捏住折线处的两个角，然后按照图示把它们折起来。

6. 把线穿入针内。

7. 第一针穿过折角以及桦树模型的两侧，继续按照图示缝合模型。完成缝合之后，打上结，剪去多余的线。

8. 在小船的另一头继续缝合。

9. 展开小船，使其中部达到大约 2.5 厘米。

10. 用防水胶填充小船的各处缝隙。

11. 把你的小船放到水里。它能漂浮起来吗？

其乐无穷

尝试用其他的材料如硬纸板来制作独木舟。这些材料能够让小船浮在水面上吗？

原来如此

你制作的桦树皮独木舟应该可以漂浮在水面上。其他材料制作的独木舟如果也防水的话，那么也应该能浮在水面上。

桦树有很多种，但最好用的桦树皮应该是纸皮桦，有时候我们也称之为白桦。北美很多地方都能找到白桦。如果剥树皮的时候破坏到内层的话，那么桦树就无法存活了。因为这个原因，桦树皮一般是取自枯树。尽管我们随时都可以获取桦树皮，但是最好的季节应该是在春末。如果一棵桦树正好在春末时节折断的话，那么它的外皮是最厚的，内皮则会留在树干上。这个时候的树皮很容易从树干上剥离下来。树皮就可以用做桦树皮独木舟的包裹层了。

桦树皮对于独木舟来说是完美的选择，因为它又轻又光滑，而且防水防腐。北美印第安人用白松的根来缝合独木舟的接合部，然后用热的云杉树脂来做进一步的防水处理。

你知道吗

当探险家们最早来到北美的时候，他们很快就发现了独木舟的多用性。皮毛贸易商往往乘独木舟离开城市溯流而上，然后满载皮毛而归。皮毛贸易给北美的独木舟市场创造了巨大的需求，1750 年左右，法国人甚至在魁北克的特瓦河边建造起了一个独木舟制造厂。皮毛贸易商使用的独木舟有时候很庞大，它可以装载 12 名船员和超过 2.4 吨的货物。

3 马铃薯

美洲的玛雅人、阿兹特克人和印第安人是最早培育某些农作物的人。玉米和大豆最早都是生长在美洲，然后由早期的探险者带到世界各地。许多人原以为马铃薯产自爱尔兰，但实际上早在两千年前南美安第斯山脉的印加人就已经开始种植马铃薯了。马铃薯是如何生长的呢？尝试以下的活动来了解马铃薯的生长过程。

你会用到

一只小马铃薯，一只纸袋，一只大瓦盆，一些沙土，一张纸，一支铅笔。

动手动脑

1. 把马铃薯切成几块，使每块至少有两个芽眼。马铃薯的芽眼就是马铃薯表面凹进去的地方。不要削皮。
2. 把马铃薯块放在太阳底下晒几天，直到被切割的部分被晒干。
3. 把马铃薯放在纸袋里，然后封住纸袋。
4. 把袋子放在黑暗的地方，比如说壁橱。每隔一天去检查一下，直到你发现马铃薯的芽眼开始发芽。
5. 在瓦盆里装上一半的沙土。
6. 把马铃薯放在土里，然后用剩余的土把它盖住。马铃薯的上方至少要有 2.5 厘米厚的土。
7. 往瓦盆里加水，让土壤保持湿润。
8. 把瓦盆放在太阳下。
9. 每天浇点水让土壤保持湿润。但不要浇太多，以免土壤变黏。
10. 在接下来的 2~4 周里，观察马铃薯的生长状况并加以记录。
11. 一个月后，把马铃薯从土里挖出来，观察根部，你发现了什么？

原来如此

马铃薯在土里埋了7~10天之后开始发芽生长。在接下来的几周里，它会继续生长，看起来就像一株小灌木。一个月后，当你把马铃薯从盆里拿出来的时候，你会发现马铃薯出现了很长的根部，在根上还有很多圆形的生长物。我们称这些圆形的小球为块茎，每个块茎都会变成一个新的马铃薯。

能量可以用多种方式实现转换。在大自然中，最常见的能量转换方式是植物中的光能和化学能的转化。当植物受到太阳照射的时候，它们会产生光合作用。在光合作用中，太阳能产生的化学反应能够让植物把二氧化碳和水转换成葡萄糖和氧气。这样，植物就用葡萄糖为自己生长提供了营养，或者以淀粉的形式储存起来以备日后使用。就马铃薯而言，淀粉就被储存在了块茎之中。

但马铃薯是一种特殊的植物。当它或其中的一部分被埋在土里之后，一个主要的新芽会开始生长。这颗新芽会破土而出，并长成了你看到的在土壤上面的那个植物。它的叶片在经历了光合作用之后长得更快。在主芽破土而出之际，地下茎从地下的块茎主体长出来。地下茎是垂直生长于地下数厘米的匍匐茎。当它长到离地面垂直距离 7.5~30 厘米的时候，就会在末梢处形成一个块茎。这个块茎会长成一个新的马铃薯。

现在，我们可以在公元 400 年左右的一些纳斯卡文明皮饰上看到秘鲁人的马铃薯神的形象。直到公元 1500 年，马铃薯依然只是生长在南美玻利维亚和秘鲁的安第斯山脉。只有当地的印加人把马铃薯作为食物。当西班牙的征服者在 16 世纪早期到达南美的时候，他们并没有找到他们想要的黄金，但是他们发现了马铃薯并很快喜欢上了马铃薯。很快，马铃薯就成了西班牙航船的常规食品，马铃薯的种植也很快传播到了全世界。现在全世界有数百种不同品种的马铃薯了。

你知道吗

南美印第安人的一支，艾马拉印第安人生活在秘鲁海拔 3 000 米以上的的的喀喀高原，他们甚至发明了一种冷冻干燥法来保存马铃薯。冷冻干燥法是用极端低温来抽取食物的水分，使得食物可以无需冷藏就能长时间保存。需要吃食物的时候，往食物上加点水就可以了。宇航员在太空也会用冷冻干燥法处理食物。

在寒冷而有霜的夜间，艾马拉人把马铃薯放在地上；在白天，他们则会在马铃薯上盖上稻草以防止马铃薯解冻。在经过数天的同样过程之后，女人和孩子会在马铃薯上踩踏，挤走马铃薯的最后一点水分，同时清除了马铃薯皮。然后将马铃薯放到冰冷的溪水中冲洗，以洗去马铃薯原有的涩味。最后，人们把马铃薯放在太阳下晒上两周左右。经过这样处理的马铃薯可以储藏 4 年而不坏。

4

两个北极

古玛雅人就已经知道地球的磁场北极和地理北极是不同的。印加帝国的古城图伦可以追溯到公元900年，那里建有基于地球转动可以显示东南西北的塔。那里还有一座指向磁场北极的塔。没人知道他们是如何发现这种差别的。尝试以下的活动，来了解地球的磁场北极和地理北极的区别。

你会用到

一只手表，一根木棍，一只磁盘，一把量角器。

注意：这个实验要在有太阳的户外进行

动手动脑

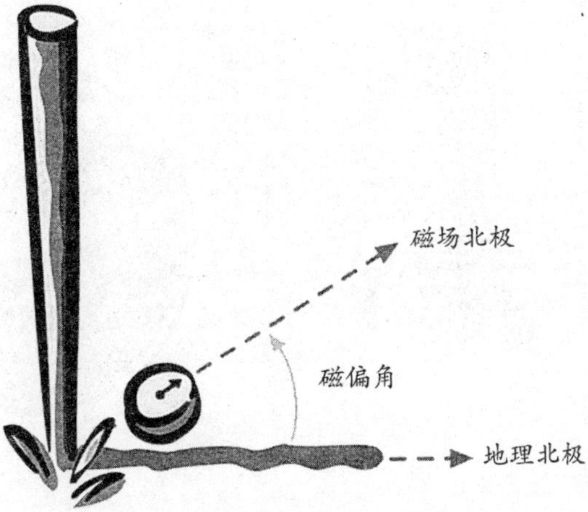

1. 在正午12点到户外。

2. 把木棍垂直地插入地面。

3. 记下阴影指向的方向。

4. 握住磁盘，看一下指针指向哪里。它的指向和木棍阴影的指向一样吗？

5. 用量角器测量一下它们之间的夹角。

其乐无穷

测量一下你这个地区的磁偏角。如果你不确定什么是磁偏角，那么请看一下下面的解释。你测量的值和上面步骤5中的值有什么差别？

原来如此

磁盘指针指向的是磁场北极。指针和地球磁场北极平行。阴影指向的是地球的地理北极。在全球的大多数地方，它们的指向都会略有不同。它们之间的角度差应该就是那个地区的磁偏角。磁偏角就是磁场北极和地理北极之间的夹角。

磁偏角在各个国家的不同地区会有所差别。它在美国的东部为西 15°，在美国的西部则为东 15°。在美国中西部的一些地区不存在磁偏角，所以磁盘指针会指向地理北极。

地球每天围绕着我们假想的地轴转动。北极的旋转轴和地球表面相交的部分我们称之为北极圈，或者就叫北极。北极圈位于加拿大的北部和格陵兰岛的西部。

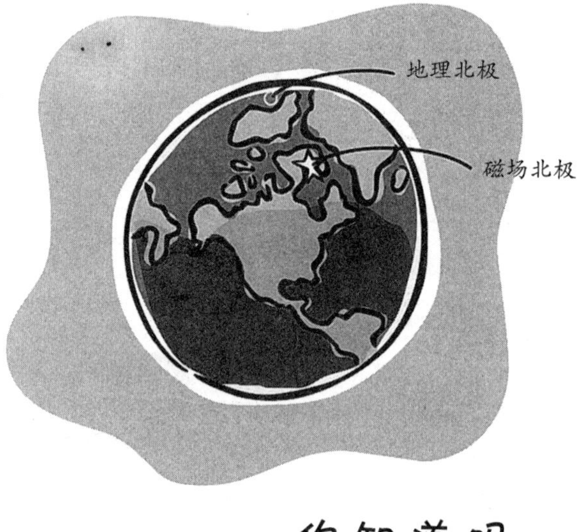

你知道吗

当我们用磁盘来导航的时候，你必须测量航行区域的磁偏角以获取正确的航向。举例来说，如果你住在美国东部，想要往正北方向前进的话，那你就需要往磁盘告诉你的方向往东偏 15° 前进。

5 太阳轨迹

玛雅的天文学家观测天象，修建天文台，并极其精确地绘制了太阳、月亮、行星和星星的运行轨迹。在一千年以前，他们就算出了一个太阳年的长度为365.2420天。科学家用现代科技手段测算出的太阳年为365.2422天——这和玛雅人的太阳年时间只相差若干秒。玛雅人还建造了一些特殊的建筑来追踪太阳的轨迹。在图伦，他们修建了一座庙，庙的东墙上有一个小洞，西墙上则有一块特殊的岩石。在春天的第一天，当太阳升起的时候，阳光穿过小洞照射到岩石上。这样，玛雅人就知道播种的季节到了。尝试以下的活动来了解如何追踪太阳的运行轨迹。

你会用到

一面小镜子，一只手表，一卷纸胶带。

动手动脑

1. 把镜子朝南放在窗台上。镜子必须可以使阳光反射到对面房间的墙上。
2. 在正午时分，在镜子的反射区的中心位置贴上一小块胶带。
3. 每隔15分钟之后，在反射区的中心位置贴上另一块胶带。一小时之后，你注意到了什么？
4. 在第二天的正午，还是在反射区的中心位置贴上一块胶带。
5. 在接下来的两周时间里，每天正午重复同样的活动。你注意到了什么？

原来如此

当你每隔15分钟把胶带放在反射区域的中心位置时，胶带的位置显示了反射位置随着时间的变化而移动。

反射区域位置的变化显示了地球的运行轨迹。当地球围绕地轴转动的时候，反射区域也随之变动，这让太阳看起来是在穿过天空。反射区域每天都会不同，因为地球绕着太阳在转动。如果你连续一年每天都在跟测太阳的反射轨迹，那么一年后的轨迹就会回到原来的那个位置。

你知道吗

玛雅人运用他们对太阳的观测创造了365天的太阳历。事实上，他们有两种计年的历法：一种是260天的用于宗教目的的圣年，另一种就是用于作物种植需要的365天的太阳年。每隔52年两个历法年会重叠一次。玛雅人的365天的太阳历不同于我们现代的历法。我们每个月是28~31天，玛雅人的太阳历则有18个月，每个月20天，到年底多余的5天被称为歪也勃(Uayeb)。玛雅人知道这个“模糊年份”并不正好等于太阳年。但歪也勃这个月份的扩展可以让作物生长的季节和太阳年保持一致。

另外的一些古代文明也有他们自己的历法。古罗马借用了古希腊人的农历，它把一年分为10个月。公元前7世纪，罗马皇帝努马·蓬皮利乌斯增加了一月和二月，以便和太阳年的365天保持一致。但是增加的月份并没有让古罗马的历法固定下来。这一日历每4年就会缺少一天，随着岁月的流逝，历法显示的季节和实际的季节会产生偏差。当冬天到来的时候，历法显示的是秋天；当夏天到来的时候，历法显示的是春天。为了纠正这一偏差，以七月为自己命名的恺撒把太阳年改为365又1/4天，并且每隔4年增加一天。为了让历法年和实际的季节保持一致，恺撒在某一年增加了80天。所以在公元前46年有445天之多，罗马人都知道这一年是一个“混乱年”，但是恺撒自己很快指出哪一年实际上是纪年混乱的结束年。